PLAISIRS SECRETS DE LA GRAMMAIRE

SUIVI DE

SIDONIE OU LE FRANÇAIS SANS PEINE

PLAISIRS SECRETS DE LA GRAMMAIRE

SUIVI DE

SIDONIE OU LE FRANÇAIS SANS PEINE

LE GRAND LIVRE DU MOIS

Pour Pierre Grandbesançon

I

Voyageons.

Puisque, fidèles à Nicolas Bouvier (l'auteur, entre autres merveilles, de *L'Usage du monde*), nous savons que l'on ne « fait » jamais un voyage, c'est le voyage qui nous fait.

Première étape : l'orée du monde, les temps premiers de la Genèse : « Elohîms dit : « Une lumière sera. » Et c'est une lumière [1]. » Même commencement dans le Coran. Dieu nomme. Dans le magma originel, il distingue des réalités diverses. Il sépare la nuit du jour, la terre de l'eau... Ce faisant, il crée.

Ce plaisir de nommer, de distinguer, n'est pas réservé au Très-Haut. Nous-mêmes, pauvres mortels, pouvons l'éprouver. Souvenons-nous de notre enfance, l'ivresse qui nous envahissait d'engranger les mots nouveaux, notre fierté de raconter l'Univers. Rappelons-nous notre adolescence, quand nous découvrions notre corps et celui de nos petites camarades. Nous réinventions, sans le savoir, la si belle pratique du « blason » : rendre hommage par des mots à tel ou tel détail de la personne

1. La Bible, traduite et commentée par André Chouraqui, Paris, 1992.

aimée. Ainsi Maurice Scève, disciple de Pétrarque, écrivit au milieu du XVIe siècle *Le Blason du sourcil*. À l'époque, faire l'éloge, ou célébrer, se disait « blasonner ».

De même, un promeneur peu savant de botanique ne goûte, en visitant un jardin, que des formes vagues, des couleurs sommaires. Maigre satisfaction que traduit la banalité de ses exclamations : Que c'est beau ! Que c'est bleu ! Quel charme !... Tandis que l'amateur averti, en reconnaissant et en nommant les espèces, savoure. A priori, rien de plus uniforme que le blanc. Écoutez pourtant l'écrivain Vita Sackville-West décrire son projet de « chambre blanche », joyau de son jardin de Sissinghurst : « J'imagine les blanches trompettes du lis regale... émergeant du lit des artemisia et des santolines, bordé de dianthus « Mrs Sinkins »... Il y aura des pensées, des pivoines, des iris... »

Avant même d'aborder la grammaire, l'activité de nommer nous offre des jouissances rares, d'autant plus profondes que notre savoir est grand. Contrairement à l'idée paresseuse trop souvent reçue, l'ignorance frustre alors que la connaissance accroît le plaisir.

Notre aventure avec les mots ne fait que débuter.

Poursuivons notre voyage.

***

Grèce, Ve siècle avant Jésus-Christ.

Vers la fin d'une glorieuse après-midi de mai, tandis qu'au loin miroite la mer et que les cigales alentour calment un peu leur chant, deux hommes jeunes discutent. Un troisième, plus âgé, écoute. Pour le premier, le langage n'est que convention.

Les mots ont été inventés par les sociétés humaines au hasard des coutumes et des habitudes. Inutile de chercher des liens particuliers entre les mots et les choses qu'ils désignent : ces liens n'existent pas.

Son interlocuteur n'est pas d'accord. Pour lui, le mot est relié à la chose par une correspondance intime, presque magique (ou religieuse).

Le troisième homme (Socrate), prend alors la parole pour… critiquer l'une et l'autre positions. Il ouvre un débat qui va nous occuper pendant des millénaires. Les mots ont-ils une origine sociale ou naturelle ? Rappelez-vous vos classes de philosophie. Le dialogue entre ces trois Grecs s'appelle *Le Cratyle*, et Platon l'a fidèlement retranscrit. Vous aviez dix-sept ou dix-huit ans et vous découvriez le vertige de la pensée.

Toucher aux questions du langage, c'est pénétrer dans les mystères de la condition humaine, notre pouvoir (fragile) de communiquer, notre compréhension (ô combien imparfaite) du monde. Bref, parler n'est pas si simple qu'il y paraît. Entre les mots et les choses, nous nous promenons, jamais satisfaits, toujours écartelés.

***

Passons les siècles et les Alpes, revenons chez nous, dans ce bon vieil hexagone. Les Romains, envahissant la Gaule, y ont imposé leur langue, le latin. Mais domination militaire ne veut pas dire souveraineté linguistique. Les innombrables peuplades, rassemblées sous le terme de « gaulois », n'ont pas attendu Jules César pour parler. Si bien qu'un fouillis s'installe, un formidable désordre. Les mots s'accumulent, venus d'horizons les plus divers[1].

Des mots celtiques (« alouette », « barde », « chemin », « grève », « sapin »...). Des mots germaniques (« bâtir », « jardin », « orgueil »... jusqu'au mot « français » lui-même !). Des mots normands, qui racontent la mer et les bateaux (« tribord », « bâbord », « hauban »). Des mots arabes (« alambic », « alcool », « épinard », « sucre »...), italiens (« bandit », canaille », « sérénade », « soldat »...), portugais (« bambou », « banane »), espagnols (« caramel », « tomate », « sieste »), hollandais (« bar », « bière », « crabe »), anglais (« humour », « rhum »)... sans compter les multiples inventions des patois.

La situation est celle que décrit la Bible après l'échec de Babel. Plus personne ne se comprend. Des frontières invisibles mais ô combien efficaces isolent les villages les uns des autres plus sûrement encore que les forêts impénétrables. Un peu d'ordre s'impose.

***

Avec Charlemagne, qui fait sortir l'Europe des ténèbres, le latin retrouve sa force unificatrice. Au XIIe siècle, autour de Pierre Abélard (l'amoureux mutilé d'Héloïse), une réflexion profonde sur la grammaire se développe. Notamment, le rôle central du *verbe*, agent de l'action, du changement, est distingué de celui du *nom*, témoin de la permanence[2].

1. Ceux qui veulent en savoir plus sur ces périodes chaotiques du haut Moyen Âge, la préhistoire du français, liront avec passion le résumé qu'en donne le savant belge Marc Wilmet, *Grammaire critique du français*, Paris, 1998.

2. Cf. Delphine Denis et Anne Sancier-Château, *Grammaire du français*, Le Livre de Poche, Paris, 1994.

Mais le latin, au fil des temps, perd son pouvoir. D'autres catégories sociales que les religieux et les fonctionnaires prennent de l'importance, les producteurs, les commerçants. Les langues modernes s'émancipent : le français, l'italien, l'anglais... Les voyages se multipliant, il faut apprendre à les parler. La première grammaire française est ainsi l'œuvre... d'un Anglais, Palsgrave. En 1530, il recense, pour ses compatriotes désireux de franchir la Manche, les pièges à éviter et les expressions les plus utiles. Cette grammaire a plus les allures d'un guide de la conversation que la rigueur d'un ouvrage théorique. Piqués au vif, les Français se mettent à leur tour au travail. À la suite de Joachim du Bellay, auteur, en 1549, d'une *Défense et illustration de la langue française*, ils chantent sa beauté, sa clarté, sa précision, son élégance... Une passion des Français pour le français qui ne cessera plus.

Les politiques ne sont pas en reste.

Langue, État, Nation : en France, les trois réalités naissent (lentement) ensemble et se confortent l'une l'autre. Il faut y ajouter notre autre originalité : la domination croissante de Paris. Le roi ou l'empereur s'appuie sur une administration qui ne doit parler qu'un seul langage.

François Ier, le 10 août 1539, signe l'ordonnance de Villers-Cotterêts. Ce texte épais (192 articles) est l'un des plus importants de notre histoire. Car il mêle des règles diverses d'organisation de la société (l'état civil, la procédure pénale, le droit de grève) à l'obligation d'utiliser le « langage maternel français » pour tous les actes publics. Ainsi se trouve affirmé le double lien entre la langue et la nation, les règles de la grammaire et celles de la vie en commun.

Au siècle suivant, l'entreprise de « nettoyage » continue. Les deux purificateurs en chef se nomment Malherbe et Vaugelas. Le premier, poète lyrique dans sa jeunesse, influencé par *la Pléiade*, se change, l'âge venant, en gardien de l'ordre et de la pureté. Le second, à l'aide d'une multitude d'exemples, cherche à définir *le bon usage* (c'est-à-dire celui de la Cour, des élites parisiennes) qui doit se garder des tournures provinciales et des jargons professionnels.

Saluons notre XVIIe ! Il a construit le français comme jadis le peuple avait bâti les cathédrales, dans une formidable ferveur collective. Non loin de Versailles, mais dans un esprit radicalement différent, un autre mouvement va naître dont les répercussions seront universelles.

*
* *

La nouvelle escale de notre voyage se trouve dans la vallée de Chevreuse. Rien de spectaculaire, à première vue. En bas, le long d'un petit cours d'eau, les ruines d'une abbaye de femmes. Au sommet de la colline, une sorte de ferme-musée. Comment imaginer que cette modeste retraite va faire trembler Louis XIV et qu'y seront jetées les bases de la pédagogie moderne ?

De nombreux ouvrages existent sur cette extraordinaire aventure, dont celui de Sainte-Beuve. Qu'il nous suffise ici de résumer les faits. Une doctrine, le jansénisme, qui a pour base la prédestination. Une manière de vivre : l'austérité et l'indépendance, ce qui déclenche forcément la fureur des autorités, ecclésiastiques ou politiques. Quelques religieuses indomptables. Et un groupe de beaux esprits, fatigués des mondanités, qui décident de se retirer là pour réfléchir et enseigner. Pascal sera l'un deux et Racine l'un de leurs élèves.

Pour eux, réfléchir aux questions posées par le langage, c'est s'interroger sur les mécanismes de la pensée elle-même. Ainsi la *Grammaire générale et raisonnée* de Port-Royal traite non pas d'exemples particuliers mais de logique formelle. Elle cherche à déterminer, en relation avec les différentes opérations de notre esprit, une structure « générale » qui serait valable pour toutes les langues.

Cette quête de « la » structure va inspirer tous ceux qui, dans les siècles suivants, vont tenter d'élaborer une vraie science du langage (les linguistes). Mais aussi ceux qui, derrière les diversités apparentes, cherchent des lois, des formes, des permanences, bref des ossatures, des structures. D'où leur appellation de « structuralistes ».

La notion de « grammaire » prend alors une dimension nouvelle. Elle ne désigne pas seulement « l'ensemble des règles à suivre pour parler et écrire correctement une langue ». Elle fait référence à quelque chose de plus profond, de plus secret, de presque magique ou de déjà religieux et qui serait la mécanique générale de l'Univers tout entier. *Comme si le monde était un livre immense* qu'il faudrait apprendre à lire, une énigme qu'il faudrait s'acharner à résoudre. Cette intuition est presque aussi vieille que l'espèce humaine.

Innombrables sont les exemples d'une telle recherche, qui ressemble, par son ardeur, à celle du Graal. Chez Jules Verne, les héros traquent souvent un cryptogramme (du grec *kruptos* : caché), un message codé qu'il va s'agir, après mille péripéties, de déchiffrer (magnifique allégorie de la vraie nature du roman ; le roman est d'abord outil de connaissance). De savants linguistes comme Georges Dumezil et Mircea Eliade recherchent le fond commun à toutes les histoires. Des penseurs glorieusement atypiques, comme Gaston Bachelard et Roger Caillois, allient la philosophie et la poésie pour pousser plus loin l'enquête sur l'eau, l'air, les pierres, la pieuvre… Sans oublier le grand George Steiner, l'être le plus et le mieux « cultivé » que j'aie jamais rencontré.

Ce qu'on appelle la poétique n'est pas seulement une analyse des problèmes techniques et théoriques posés par la *poésie* mais, plus généralement, une réflexion sur la *Création* elle-même. Pour beaucoup, la poésie est une langue particulière, une « métalangue », une langue d'éblouissements, de révélation, une langue libérée des contraintes utilitaires, des paresses du quotidien. Une langue par là même capable de s'aventurer dans les régions les plus cachées, les plus profondes de la vie, pour y découvrir des vérités essentielles.

Le parcours vers cette connaissance a ses chemins, ses règles, ses rites. La poétique a sa grammaire. La poétique est la grammaire de la création, pour reprendre le titre du dernier livre fascinant de Steiner. Et pas seulement la création de poèmes mais la Création, celle qui nous a faits et tout ce qui nous entoure.

La boucle est bouclée.

Dieu, en nommant, crée. Et mêle pour toujours, et indissolublement, langue et Création. La grammaire de la langue renvoie donc forcément à la logique même de la Création. Et la poésie est comme une spéléologie : on abandonne la surface et ses repères rassurants, on plonge dans les gouffres pour arracher aux profondeurs de la terre et aux ruissellements des eaux des renseignements sur l'origine.

Spéléologues aussi, explorateurs des abysses, sont les psychanalystes. Après Freud et d'autres précurseurs, décrypteurs de rêves depuis la Haute Égypte, ils cherchent à comprendre les lois qui subrepticement nous gouvernent et régissent ce continent de l'ombre, l'inconscient. Si cet inconscient est, comme l'a si bien résumé Jacques Lacan, « structuré comme un langage », alors son exploration peut-être conduite en usant de méthodes chères aux linguistes. Et les règles qu'on y découvre constituent, en s'assemblant, une véritable grammaire. Une sorte de grammaire de l'âme dont la connaissance permet, faute de les soigner, d'accepter ses déchirures les plus intimes, de les traiter en compagnes plutôt que de subir leurs assauts, comme ceux d'ennemis non identifiés.

*
* *

Dernière visite : place de la Madeleine à Paris.

Vous trouvez bien sérieux, voire austère tout ce qui précède ? Sans changer de sujet, je vous offre maintenant des vacances, de la pure gourmandise.

Un restaurant nommé Lucas-Carton, chef-d'œuvre de l'Art nouveau : boiseries sculptées, des courbes, des plantes, des animaux à longs becs, toute la sensualité des années 1900. Ici règne un maître de la cuisine mondiale : Alain Senderens. Ici s'élabore, jour après jour et recette après recette, une autre grammaire, tout aussi subtile et qui plonge dans les profondeurs du temps, car l'homme s'est préoccupé de ce qu'il mangeait peut-être avant de vouloir créer un vrai langage.

Alain Senderens n'est pas seulement un inventeur d'innombrables plats célébrés partout (et partout copiés, maladroitement), comme le homard à la vanille ou, l'une de ses dernières trouvailles, la poularde de Bresse aux coriandre et citrons confits glissés entre la peau et la chair.

Alain Senderens est également un historien de la gastronomie. Et ses premiers succès, il est allé les chercher dans l'Antiquité, tel son canard Apicius (miel, épices) et un très surprenant « brouet d'anguilles » !

Mais Alain Senderens est surtout un grammairien. Une passion l'anime, la quête de l'accord *juste*, de la conjugaison parfaite entre les produits, entre les mets et les vins.

Un jour, c'était au début de notre amitié, j'ai eu le malheur de demander, pour accompagner mon fromage, « du vin rouge, bien sûr ». L'œil noir du maître m'a toisé :

— Vous aussi, comme tous les autres ! Vous n'avez donc pas compris que le tanin du rouge et le gras du fromage sont deux murailles qui les empêchent d'échanger leurs saveurs...

Penaud, j'ai ravalé ma honte. Avant de savourer l'alliance d'un comté avec un côtes du Jura, d'un livarot avec un calvados, d'un pigeon avec un Santa digna du Chili.

Car pour établir cette grammaire-là, on voyage, d'un bout de la planète à l'autre.

Certains vendredis, Senderens me convie à ses « travaux ». Nous sommes une demi-douzaine, autour d'une table ronde : cuisiniers, œnologues et l'amateur (moi, dont l'unique titre de compétence est d'avoir eu pour grand-mère une Colette lyonnaise, grande cuisinière et patiente pédagogue).

Je me souviens de brochettes de poulet aux morilles. L'objectif de la réunion savante, si savante, était de trouver, pour cette volaille, le meilleur partenaire possible. La discussion dura cinq heures, chacun payant de sa personne, c'est-à-dire trempant ses lèvres dans des merveilles. Les sancerres sont vite écartés : leur acidité ressort trop cruellement. On se concentre sur six champagnes. « Pour moi, la morille appelle le Delamotte 1990. » « Au suprême de poulet, un Moncuit 1989 devrait bien convenir. » Inutile de vous dire que tous ces experts recrachaient. Ce que je ne pouvais me résigner à faire : comment rejeter dans un seau, même argenté, de tels nectars ? Vous imaginez mon état, passé quinze heures.

Heureusement, Alain Senderens clôtura les débats en proposant le clos du Mesnil (pour les non initiés, j'indique qu'il s'agit d'une cuvée rare des établissements Krug). L'accord « juste » était trouvé. Comme les musiciens ont l'oreille absolue, certains maîtres queux possèdent, outre la mémoire des saveurs, ce genre de papilles : ils savent proposer l'harmonie, le mariage idéal parmi tous les couples.

Inutile de vous dire que j'ai pour ces grammairiens du goût la plus affectueuse et reconnaissante des admirations et que, comme eux, je sursaute d'horreur devant les solécismes culinaires (un saint-pierre sauce mousseline accompagné de Coca) ou les barbarismes (cuire, jusqu'à la charbonner, une entrecôte de Salers).

***

Autres haltes, autres grammaires. Comme celle du vieux maître paysagiste belge René Pechère qui traque dans la nature les proportions idéales et les angles producteurs d'harmonie. Ou celle d'Henri Cartier Bresson géomètre d'abord avant d'être photographe, passionné qu'il est par la charpente secrète du monde. Et je me garderai d'oublier ces codes qui touchent au plus intime, à l'indiscret, aux troubles à demi-avoués du corps, à l'érotisme. Grammaire des « positions », dans laquelle les Orientaux sont maîtres. Ronde lancinante des fantasmes qui s'enchaînent comme les figures d'une rhétorique. Conjugaison des peaux et des odeurs, sans laquelle nul émoi ne naît. Autant d'expériences joyeuses ou douloureuses mais toujours graves où les consciences vigilantes retrouvent des pratiques de grammairien. Comme le grammairien, le libertin, plus qu'à tout, s'intéresse au grand jeu de la règle et de la transgression (c'est son langage à lui pour parler d' « exceptions »).

*
* *

Pour toutes ces raisons, à peine esquissées mais déjà vertigineuses, j'aime de passion la grammaire, toutes les grammaires, toutes les grilles et tous les codes enfouis sous la poussière du temps.

Mais le plaisir du voyage est aussi dans le retour. Revenons à nos chers manuels. On y peut accomplir, comme dans les guides ou feu les *Catalogues des armes et cycles de Saint-Étienne*, de somptueux périples immobiles.

II

Les mots me semblent des îles et je navigue de l'un à l'autre avec la même ivresse que, l'été, sur mon bateau à voile, je parcours l'archipel de Bréhat. Mais la dispersion de ces rochers ne me satisfait pas. Nostalgique d'unité, je me dis qu'ils ne disent pas toute l'histoire. Ils sont, forcément, la partie émergée d'un contient englouti, une atlantide empêchée de tout à fait sombrer par un haut-fond salvateur (et régulièrement redécouverte grâce à l'indiscrétion des grandes marées basses). Ainsi, dans ma petite mythologie personnelle, sous la diversité des mots (recueillie scrupuleusement par les dictionnaires), règne l'unité du langage (que racontent les grammaires).

C'est vous dire si de celles-ci je possède une collection. Avec trois préférées. Au premier rang, celle de Port-Royal, que j'ai déjà évoquée. Vient ensuite un petit livret cartonné de couleur verte tâché d'encre noire : *Grammaire française,* « conforme au programme du 22 janvier 1885 », rédigée par un duo digne de Flaubert, Brachet et Dussouchet, éditée par Hachette et destinée au cours moyen. La sorte d'oncle dont elle fut la compagne portait le nom grandiose, calligraphié en brun et en latin sur la page trois : *Johannus Magnusbizantinus*, Jean Grandbesançon. Merveille de clarté et de précision, ce mince précis fut, des années durant, l'outil parfait des hussards de la République chers à Jules Ferry.

Ma troisième amie est belge. Elle s'appelle *Le Bon Usage*. J'ai croisé une fois son auteur, Maurice Grévisse, immense savant. J'ai rencontré son disciple, André Goose, tout aussi fascinant. Et de ces deux (trop brefs) contacts, je me suis fait une religion : les grammairiens sont, avec les jardiniers, les deux corporations les plus enrichissantes à fréquenter. À étudier le langage des hommes ou celui de la nature, on apprend l'essentiel : d'abord écouter plus que parler, ensuite guetter plus que pérorer, enfin ne jamais se contenter des agitations et multiplicités apparentes de la surface.

***

Hors concours car inclassables sont les chefs-d'œuvre de Jacques Drillon. Cet homme a pour occupation principale, c'est-à-dire rémunérée, la critique musicale. En sa personne, se tissent les liens intimes entre Grammaire et Musique. Je vous en reparlerai plus loin. Car Drillon est aussi grammairien, l'un des plus enrichissants qui soient, libre et nomade en même temps qu'infiniment rigoureux. Son art fait la part belle à la digression savante (toujours la musique, royaume de la variation et de la métamorphose) et à la passion du *détail*. Comme ces peintres qui à la grande scène de genre préfèrent scruter un minuscule carré de réel, comme ces Japonais qui en un simple jardinet reconstituent le cosmos, Drillon s'attache à une vétille et en tire un monde.

Ses *Propos sur l'imparfait* nous captivent quatre-vingt-huit pages durant et son *Traité de la ponctuation française*, son œuvre maîtresse (à ce jour) n'en compte pas moins de quatre cent quarante-huit ! Inutile de vous dire qu'elles se dévorent.

Comment ne pas se délecter d'apprendre que virgule vient du latin *virgula* (petite verge) et qu'au XVIe siècle, avec Étienne Dolet, on l'appelait encore « point à queue » ? Le reste est de cette eau, savante, malicieuse autant que profonde. Nulle tristesse, nulle oppression qui ne résistent à quelques paragraphes de Drillon.

***

Une nouvelle recrue va, j'en ai peur, s'immiscer dans mon harem grammairien et je crains qu'elle ne gagne au plus vite le grade (et l'emploi) de favorite.

Elle s'appelle *Sidonie ou le français sans peine*, et l'auteur de ses jours a pour nom mystérieux celui de Salomon Reinach. La date de l'édition (Hachette, 1913) ajoute de l'horreur à ce générique prometteur. L'année suivante, en août, l'Europe commençait son suicide, entraînant dans la mort Péguy, Alain Fournier, des milliers d'autres, nombre de ceux qui, justement, l'aimaient le mieux, le français.

Ce cher Salomon (agrégé de grammaire) emmène Sidonie visiter notre langue. Et leur promenade enchante. Car les difficultés sont abordées avec le charme de la conversation, cette conversation que notre grammairien appelle : « l'école de raffinement mutuel ». Il cite mademoiselle de Scudéry, qui voulait allier « l'esprit de joie » à « l'esprit de politesse ».

Vous que le jargon des maniaques de la méthode pédagogique, nos nouveaux Diafoirus, hérisse, vous qu'excèdent tout autant la paresse de l'imprécision, la religion de l'à-peu-près, joignez-vous à la promenade de Salomon et de Sidonie. Tendez l'oreille et peut-être couvrez-vous un peu : il souffle sur ces pages le petit vent frais du XVIIIe, cet esprit des Lumières où la passion du savoir se mêle à l'adoration de la liberté, cette double flamme qui fit de notre pays, un temps, le phare du monde.

Il s'agit d'une correspondance. Salomon, le savant, écrit à la jeune Sidonie. « Correspondance », la forme ne pouvait être mieux trouvée car elle s'appuie sur des *lettres*, composantes de toutes les langues ; elle fait référence à une relation privilégiée aussi bien qu'à une harmonie : tel est le propos de la grammaire.

En douze missives, nous sommes promenés dans tous les coins et recoins de ce corps vivant qu'est le français. Si bien que le plus pur des esprits ne peut s'empêcher de songer à une éducation amoureuse. Usez ainsi et ainsi de votre si belle langue française, chère Sidonie, et, non contente de vous montrer fidèle aux règles, vous y trouverez les plaisirs les plus délicats.

Lisant et relisant ces pages, j'ai cherché longtemps le secret de cette troublante réussite. Par chance, on ne découvre jamais complètement de tels secrets : le talent serait une pauvre chose, s'il était seule affaire de recettes. Mais j'ai trouvé deux réponses.

1. *L'art de la circulation.*

Toutes les grammaires que je connais suivent à peu près le même itinéraire balisé, c'est-à-dire sans surprise : le nom, l'adjectif, le pronom, le verbe... On n'a pas abordé le tiers du parcours que déjà, prévoyant les péripéties rebattues de l'avenir, on bâille.

Ce cher Salomon n'aime pas les ornières ni les parcours préfabriqués. Il nous promène, vous ai-je dit. Et ce guide de qualité sait ouvrir la porte à l'imprévu, quitte à l'organiser en douce. Prenons l'exemple de la lettre IX. Elle débute par une figure imposée : la syntaxe des pronoms. Mais, très vite, elle aborde « l'emploi vicieux » puis recommande à Sidonie « d'éviter les équivoques » avant d'aborder, quelques pages plus loin, la « question du tutoiement », et d'évoquer l'allitération en saluant « l'oreille musicale des poètes »...

Avouez qu'un tel parcours, sinueux à souhait, est alléchant. Sans rien céder de l'essentiel — Sidonie, à la fin de la lettre XII connaîtra tout ce qu'une jeune fille accomplie doit savoir —, il alterne apprentissage et récréation, propos principal et variations pratiques ou savantes. Une fois de plus s'impose l'allégorie des jardins classiques, la pédagogie cheminante qu'avaient conçue Louis XIV et Le Nôtre, de larges allées, des perspectives pour fixer le cadre et des bosquets, des chambres de verdure pour le pur plaisir et le repos.

2. *La magie des exemples.*

Souvent, pour illustrer une règle, le grammairien se forge la phrase idoine, qui généralement semble sortie droit de *La Cantatrice chauve* de Ionesco, tant elle ne signifie rien : mon tailleur est riche. Autre option, la banalité la plus crasse : il me donne des bonbons, j'offre des fleurs à ma mère... Aucun charme ni poésie, rien pour inoculer au lecteur la passion d'une langue, pas la moindre preuve concrète du génie propre de notre cher français. Résultat, vous apprenez puisqu'il le faut, mais sans gourmandise aucune. Et l'apprentissage de la grammaire vous reste comme l'un des plus mauvais souvenirs de l'enfance. Une médecine amère et rugueuse, avalée de force. À croire que l'Éducation nationale fait tout pour nous dégoûter de notre langue.

Certains n'ont pas accepté cette tristesse. Je vous recommande, par exemple, *La Grammaire française et impertinente*, de Jean-Louis Fournier. Ses références décoiffent. Ainsi, pour expliquer le pluriel, « ils conduisent avec prévenance leurs délicieuses vieilles mamans impotentes chez le vétérinaire, pour les faire piquer ». De même, c'est le verbe « péter » qui est choisi pour illustrer le premier groupe, « nous serions heureux que tu pètes ». Succès garanti dans les classes. Souvenir assuré pour des années. Et immédiate intimité avec le français. Une amitié naît qui, espérons-le, ne cessera plus.

Salomon, pour arriver au même objectif, emprunte d'autres chemins. Sidonie n'avait pas la télévision. Les violences du monde et du langage ne lui arrivaient qu'assourdies. La méthode Fournier lui aurait été fatale. Il lui fallait un enseignement plus raffiné, des échantillons du meilleur usage qui soit du français, celui de ses génies.

Les douze lettres sont scandées de bonheurs : les trouvailles de nos plus grands écrivains.

Ainsi, pour comprendre la logique des pronoms démonstratifs, quel meilleur professeur que Voltaire ?

« Tel est l'avantage ordinaire
Qu'ont sur la beauté les talents :
Ceux-ci plaisent dans tous les temps,
Celle-là n'a qu'un temps pour plaire. »

Ou, pour expliquer que l'on peut fort bien, parfois, faire l'économie de la conjonction, quelle illustration plus éclatante (et bouleversante) que la fin de *Bérénice* ?

« Sur Titus et sur moi réglez votre conduite :
Je l'aime, je le fuis ; Titus m'aime, il me quitte. »

Ou encore, pour montrer le singulier d'un verbe dont les deux sujets sont unis, ces deux vers de Phèdre :

« Ainsi que la vertu, le crime a ses degrés...
Le bien, comme le mal, est inné dans nos cœurs. »

Je pourrais continuer longtemps : chaque page est émaillée de ces trésors. Si bien que la règle s'impose d'elle-même au lecteur. Qui oserait aller contre cette perfection, contre cette évidence ? Qui ne retiendrait cette cadence, aussi claire, évidente que celle de Bach ? Si Bach, comme on l'a dit, est la seule véritable preuve de l'existence de Dieu, Racine prouve celle de l'âme.

Je cite Bach, car ce cher Salomon a une technique d'ordre musical. Pour aider Sidonie à s'y retrouver dans le maquis des participes passés, il lui demande d'apprendre par cœur ces alexandrins :

« Devant moi s'est montrée une ombre menaçante.
Elles se sont montré des fleurs fraîches cueillies.
Elles se sont complu dans leur austérité. »

Et il conclut par cette phrase admirable où tout est dit de l'alliance intime entre musique et grammaire : « Ces vers seraient *faux* si l'on n'appliquait pas les règles. »

Pour une telle remarque, souffrez, Salomon, que je vous embrasse.

***

Malade époque que la nôtre qui se proclame « de communication » et qui s'acharne à tout séparer, segmenter, divorcer.

Exiler l'homme loin de la nature, ne serait-ce qu'en couvrant tous les sols de macadam. Déporter les vieux dans des résidences médicalisées et les enfants dans des crèches pour laisser tout son pouvoir au tyran Travail : ainsi l'âge est tronçonné, ainsi sectionné le temps de la vie.

De même le rire est réservé aux « comiques », le charme aux séducteurs... À chaque tranche de l'existence, son « professionnel ».

Gloire à ce petit précis du début du siècle dernier. Salut à ce « parcours complet », pour emprunter, cette fois, non plus au solfège mais à l'équitation.

***

Grammaire !
Grand-mère !

Rien ne pourra m'empêcher de chantonner pour finir, en guise de refrain, cette homophonie, qui est en même temps, peut-être, une homonymie : la grammaire et nos grand-mères nous apprennent en souriant, les secrets cachés de la vie. Le plus beau des jardins de Candide, notre langue, nous est donné : libre à nous de le cultiver.

J'espère seulement vous avoir convaincu que l'étude de la grammaire française apporte, à ceux qui s'y adonnent, une gamme inégalée de plaisirs. À commencer par ce mouvement perpétuel qui est celui de la vie-même : on s'apaise dans la règle, on s'aiguillonne dans l'exception.

SIDONIE
OU LE FRANÇAIS SANS PEINE

À toutes les Sidonies

AVANT-PROPOS

Aucune langue ne doit plus que la nôtre à cette école de raffinement mutuel qu'est la conversation. Non pas la conversation des rues, des camps ou des collèges, qui a exercé son action sur toutes les langues, mais celle des salons que fréquentent les deux sexes, berceaux de l'affabilité, de la gaîté contenue, des mœurs douces, où Mlle de Scudéri voulait, dès le milieu du XVII*e* *siècle, qu'un certain « esprit de joie » s'alliât à « l'esprit de politesse. » Il m'a semblé que je rendais encore hommage à l'aimable origine de la plus sociable des langues en l'enseignant, du mieux que j'ai pu, sur le ton des entretiens qui l'ont formée.*

S. R.

BON OU MAUVAIS STYLE

Première lettre

Ma chère Sidonie,

Vous avez un petit dictionnaire ; voici une grammaire en douze lettres. A quoi vous serviront ces deux livres ?

Votre dictionnaire est une liste de mots français, rangés suivant l'ordre de l'alphabet ; il vous enseigne la manière correcte de les écrire, c'est-à-dire l'orthographe (du grec *orthos*, droit, et *graphè*, écriture) ; il vous enseigne aussi ce qu'ils signifient, par les explications ou les exemples qui les accompagnent.

Beaucoup de mots de notre langue changent d'aspect suivant le sens qu'on leur attribue dans une phrase ; le dictionnaire ne vous donne pas toutes ces formes différentes. Vous y trouverez, par exemple, le mot *aimer*, mais non pas *j'aimerai, j'aurais aimé, j'étais aimé* ; vous y trouverez les mots *cheval* et *œil*, mais non pas les mots *chevaux* et *yeux*.

Ce que le dictionnaire ne vous dit pas, la grammaire vous l'enseigne. Elle vous apprend surtout — car elle vous apprend encore autre chose, comme vous le verrez — à donner aux mots variables la forme et la place qui leur conviennent pour exprimer clairement votre pensée.

Vous parlez déjà le français et vous le lisez ; c'est donc que vous avez appris, sans vous en douter et par l'usage, ce qu'il y a d'essentiel dans le dictionnaire et dans la grammaire. Si vous étiez une étrangère, ne parlant pas le français, je me garderais de vous enseigner d'abord la grammaire et de vous faire apprendre par cœur un dictionnaire ; je commencerais par vous mettre dans la tête cinq cents petites phrases. Il vaut toujours mieux exercer la mémoire sur des phrases que sur des mots isolés. Les langues *vivantes*, c'est-à-dire celles qu'on parle encore — à la différence du grec ou du latin, langues *mortes* qu'on ne parle plus — doivent s'enseigner d'abord par la conversation et par l'usage ; c'est ainsi que vous avez appris le français.

Mais il ne suffit pas de parler une langue et de comprendre ceux qui la parlent ; il faut la parler et l'écrire correctement. Pour cela, il est indispensable d'en savoir les règles, c'est-à-dire la grammaire, comme on apprend les principes d'un jeu pour le bien jouer.

Si la grammaire doit être *apprise* et *sue*, le dictionnaire doit seulement être *consulté*. Des 30 000 mots que contiennent nos petits dictionnaires, il n'y en a pas plus de 3 000 qui soient usuels ; les apprendre tous demanderait beaucoup d'efforts et ne servirait pas à grand-chose.

L'Orthographe et l'Académie

Je vous ai dit qu'il faut recourir au dictionnaire pour connaître l'orthographe des mots et leur sens. Ceci comporte quelques explications.

L'orthographe des mots, longtemps incertaine, a été fixée par une société d'écrivains appelée l'*Académie française*, qu'un grand ministre de Louis XIII, le Cardinal de Richelieu, institua en 1635. L'Académie publie un dictionnaire qui fait autorité ; elle en a donné, depuis 1694, plusieurs éditions dont chacune se distingue de la précédente. Ce dictionnaire n'accueille que les mots en usage chez les bons auteurs et les gens bien élevés ; il en définit le sens et indique la manière correcte de les écrire. L'orthographe de l'édition de 1878 n'est pas la même que celle de l'édition de 1694 ; sous l'influence des grands écrivains du XVIIIe siècle, de Voltaire surtout, l'Académie y a introduit des réformes et l'a rapprochée de la prononciation usuelle.

Malheureusement, dans cette bonne voie, elle n'a marché qu'à pas comptés et timides. L'orthographe que l'Académie nous impose fourmille de difficultés inutiles. Pourquoi écrire *honneur* avec deux *n* et *honorer* par un seul ? Pourquoi mettre deux *t* à *carotte* et un seul à *compote* ? Pourquoi écrire *affection, appétit, attention* avec des lettres doubles, alors que, suivant l'Académie elle-même, les lettres doubles *ff, pp, tt* se prononcent toujours comme des lettres simples ? Pourquoi écrire *manger, juger,* et non *manjer, jujer,* puisque le *g* se prononce dur dans *grand, glapir, galant* ? Pourquoi écrire *photographie* alors qu'on prononce *fotografie* et que les Italiens, plus sages que nous, écrivent *fotografia* ?

Mais, dit-on, *photographie* vient de deux mots grecs (*phos,* lumière, et *graphè,* écriture ou peinture) où il n'y a pas d'*f,* lettre que les Grecs ignoraient, mais un signe qui manque à l'alphabet français (le ϕ), que les Romains ont transcrit *ph.* Voilà une belle raison ! Nous écrivons le français, non le grec ou le latin. L'Académie adopte d'ailleurs l'orthographe *fantôme* (les Anglais, plus arriérés encore que nous, écrivent *phantom*), alors que le mot grec d'où ce mot dérive commence aussi par un ϕ (*ph*). Concluons donc, ma chère Sidonie, qu'il faudrait écrire *fotografie, ortografe, téléfone* ; qu'il faudrait n'écrire les lettres doubles que là où on les prononce, comme dans *immense, inné, assassin, jeunesse,* mais non pas là où on ne les prononce pas, comme dans *attraper, tonner* (on écrit *détoner*), *donner* (on écrit *donateur*), etc. ; concluons tout cela, mais soumettons-nous, en attendant des jours meilleurs, à l'orthographe adoptée par l'Académie. Quand vous serez grande — intelligente comme vous l'êtes, instruite comme vous le serez — vous ferez de la propagande pour l'orthographe raisonnable, celle qui affranchira les enfants de la nécessité où ils sont d'apprendre l'orthographe déraisonnable de centaines de mots. L'Académie, cette vieille dame peu amie des nouveautés, finira par donner gain de cause aux réformistes ; jusque-là, apprenons et pratiquons l'orthographe qu'elle prescrit, mais ne jugeons pas sévèrement, comme on a la mauvaise habitude de le faire, ceux qui s'en écartent.

Fautes graves ou vénielles

Vous savez, en effet, ou vous saurez un jour, que les gens cultivés se fâchent ou se moquent quand ils trouvent des fautes d'orthographe dans une lettre. Cette rigueur est le plus souvent déplacée. Il faut distinguer entre les fautes contre la grammaire et les fautes contre le dictionnaire. Si j'écris : « Les services que je vous ai rendue », alors qu'il faut *rendus*, c'est une grosse faute, ce qu'on appelle un *solécisme*, parce que c'est une faute contre une règle logique que je vous enseignerai ; mais si j'écris *sculteur* au lieu de *sculpteur*, ou *gibelote* au lieu de *gibelotte* (on écrit bien *matelote* avec un seul *t*), ces *barbarismes*, qui offensent le *Dictionnaire de l'Académie*, n'ont aucune importance et la déconsidération qu'ils jettent sur moi est injuste. Réservons nos gronderies à ceux et à celles qui écrivent de longues phrases obscures et prétentieuses, qui donnent dans le *jargon* ou le *charabia*, qui emploient les mots à contresens, qui méconnaissent ce qu'on peut appeler le génie de la langue, fait de clarté et de probité ; mais ne jetons pas la pierre à ceux qui écrivent les mots comme ils les prononcent, à la condition toutefois qu'ils les prononcent bien.

J'ai parlé de mots employés à *contresens* : en voici un exemple. Vous entendrez dire : « Il m'a raconté son affaire compendieusement, sans me faire grâce d'un détail. » Or, *compendieusement* vient d'un mot latin qui signifie *abrégé* ; le mot français signifie *brièvement*, et non autre chose. Celui qui s'en sert dans le sens de *longuement* commet une faute ridicule. Le dictionnaire doit donc être consulté non seulement pour connaître l'orthographe, mais encore la signification des mots. Ne jamais employer un mot sans le comprendre ! C'est bien plus grave que de l'écrire avec un *f*, un *p* ou un *t* en trop ou en moins.

Du latin au français

Comme vous n'apprenez pas encore le latin, je ne vous parlerai que rarement de l'origine des mots — ce qu'on appelle leur *étymologie* (du grec *etumos*, véritable, et *logos*, discours ou raison). Mais il y a certaines notions essentielles sur la formation de notre langue — fille du latin, sœur de l'italien et de l'espagnol — qui ne doivent pas vous rester étrangères. Les voici.

Vous avez appris que la Gaule — les Romains disaient *Gallia* — fut conquise, cinquante ans avant notre ère, par Jules César. Pendant cinq siècles, la Gaule fit partie du vaste Empire romain qui comprenait, entre autres pays, l'Italie et l'Espagne. Les Gaulois parlaient une langue que nous connaissons mal, assez cependant pour dire qu'elle ressemblait au latin à peu près comme le français d'aujourd'hui à l'espagnol. Sous la domination romaine, qui leur assura la paix et la prospérité, les Gaulois ou Gallo-Romains apprirent le latin — non pas le latin des écrivains et du grand monde de Rome, mais celui des petites gens. Depuis le Vᵉ siècle, la Gaule fut envahie par des peuples germaniques qui s'y établirent et lui donnèrent leur nom (*France*, pays des *Francs*). Mais ces Germains, ailleurs que dans l'Est, oublièrent eux-mêmes leur langue, sauf une centaine de mots usuels, et apprirent le mauvais latin des Gaulois, avec quelques bribes de l'ancienne langue du pays, le *celtique*, que les Gaulois n'avaient pas tout à fait oubliée. De ce mélange — celtique, latin, germanique — se forma peu à peu le français, sans qu'on puisse dire à quel moment de l'Histoire cette langue cessa d'être du mauvais latin pour devenir un parler nouveau.

Voici deux vers qu'on chantait en l'an 880 environ, moins d'un siècle après la mort de Charlemagne dont nous ne connaissons pas le langage usuel (les écrivains de son temps se servaient tous du latin) :

> Buona pulcella fut Eulalia,
> Bel avret corps, bellezour anima,

c'est-à-dire : « Bonne pucelle (*jeune fille*; c'est le surnom sous lequel est encore connue Jeanne d'Arc) fut Eulalie. Beau avait corps (elle avait un beau corps), plus belle âme (l'âme encore plus belle que le corps). » Remarquez que nous disons *meilleur*, au lieu de « plus bon » et que nous pourrions dire aussi *beilleur* au lieu de « plus beau » ; mais le français n'a pas conservé cette jolie forme.

Eh bien ! ces vers de la *cantilène* (chanson) en l'honneur de sainte Eulalie, sont-ils en latin ou en français ? Personne ne peut le dire ; c'est du latin qui est en cours de devenir du français.

Deux cents ans après, vers 1100, fut écrit un poème épique qui raconte la mort du paladin Roland à Roncevaux, la fameuse *Chanson de Roland.* C'est bien du français, mais si éloigné de notre langue que vous n'y comprendriez rien sans une traduction. En voici un vers relativement facile :

> Halt sont li pui e molt halt sont li arbre,

ce qui signifie : « Hauts sont les puys (les montagnes, songez au *Puy de Dôme*) et très (*molt* ou *moult*[1]) hauts sont les arbres. »

Sautons trois cents ans pour arriver à l'historien Froissart, mort vers 1405. Ici vous allez comprendre à peu près :

> Li pais de la environ et les bonnes gens, qui cuidoient estre en repos, se comencièrent à esbahir.

c'est-à-dire : « Les pays (*villages*) des environs (*de là autour*) et les bonnes gens, qui croyaient être en repos, commencèrent à s'effrayer. »

Deux cent trente ans après la mort de Froissart, Corneille écrivait *Le Cid*, que vous comprenez sans peine, sinon toujours sans gêne. Dans l'intervalle, la France avait produit des écrivains de génie, les prosateurs Rabelais et Montaigne, les poètes Marot et Ronsard, qui contribuèrent à fixer la langue, à lui donner de l'élégance et de la souplesse ; l'influence des princesses et des femmes du monde y fut aussi pour une bonne part, car c'est elles surtout qui firent du français la langue par excellence de la conversation polie, de la société. Toutefois, même au XVIIe siècle, du temps de Louis XIV, les prosateurs les plus illustres, comme Bossuet, écrivaient une langue un peu traînante, avec de longues phrases souvent embarrassées ; c'est une

1. Du latin *multum*, signifiant « beaucoup », que vous retrouvez dans les mots *multiple, multitude*, etc. On disait encore *moult* au XVIe siècle.

très *belle* prose, mais ce n'est pas la *bonne* prose d'aujourd'hui. Le vrai père de la prose française moderne est Voltaire ; son *Siècle de Louis XIV* et ses *Lettres* restent encore la meilleure école de style.

En voilà assez sur l'histoire du français ; vous voyez qu'il s'est peu à peu dégagé du latin, comme le papillon de la chrysalide ; vous entrevoyez qu'après cela il eut encore fort à faire pour devenir la langue claire, simple et nuancée que les bons auteurs écrivent depuis le XVIIIe siècle. Vous comprendrez cela bien mieux si vous lisez, comme je vous le conseille, un recueil quelconque de *Morceaux choisis*.

Bon ou mauvais style

J'ai prononcé, en passant, le mot *style* ; il faut le définir. Par son origine, il équivaut à « plume », car le *stylus* était le poinçon avec lequel les Romains écrivaient sur la cire. Avec le temps, le style a désigné, au figuré, la manière d'écrire propre à chaque époque et à chaque écrivain. On dit « le style du XVIIe siècle », « le style de Racine », « le style de Victor Hugo ». Quand on qualifie un style de « bon » ou de « mauvais », d'« élégant » ou de « lourd », c'est affaire de jugement ; mais les lettrés, les connaisseurs sont presque toujours d'accord à ce sujet. Notez que tous les écrivains d'une même époque se servent à peu près des mêmes mots et obéissent aux mêmes règles de la grammaire ; pourtant, la plupart ont un style mou, veule, dur, broussailleux ou incorrect, tandis qu'un petit nombre écrivent très bien. On peut enseigner les mots et la grammaire ; on n'enseigne pas le bon style, car, pour bien écrire, il faut avoir du talent, ce qui n'est pas le partage de tout le monde. Mais tout le monde peut apprendre, par comparaison, à distinguer un beau style d'un style fâcheux. Voici deux exemples instructifs.

Ernest Renan, un des plus grands génies du XIXe siècle, a dédié à sa sœur Henriette, morte de la fièvre en Syrie, un livre qu'il écrivit là-bas auprès d'elle (1861) :

> Te souviens-tu, du sein de Dieu où tu reposes, de ces longues journées de Ghazir[1], où, seul avec toi, j'écrivais ces pages inspirées par les lieux que nous avions visités ensemble ? Silencieuse à côté de moi, tu relisais chaque feuille et la recopiais sitôt écrite, pendant que la mer, les villages, les ravins, les montagnes se déroulaient à nos pieds. Quand l'accablante lumière avait fait place à l'innombrable armée des étoiles[2], tes questions fines et délicates, tes doutes discrets, me ramenaient à l'objet sublime de nos communes pensées. Tu me dis un jour que, ce livre-ci, tu l'aimerais, d'abord parce qu'il avait été fait avec toi, et aussi parce qu'il était selon ton cœur... Au milieu de ces douces méditations, la mort nous frappa tous les deux de son aile ; le sommeil de la fièvre nous prit à la même heure ; je me réveillai seul.

N'est-ce pas une divine musique, cette prose cadencée qui fait revivre les sentiments comme les paysages, qui n'use que de mots simples et n'est jamais empêtrée ni rocailleuse ?

Lisez maintenant cette phrase d'un autre académicien du siècle passé :

> Tandis que l'idéal classique ne se concevait et ne se formulait qu'en fonction du public, l'idéal romantique n'a de raison d'être ou d'existence même qu'en fonction ou plutôt, et à vrai dire, dans la manifestation de la personnalité du poète ou de l'écrivain.

Voilà un exemple de style laborieux, encombré de mots incolores et superflus, où il semble que la fatigue de l'écrivain

1. Village de Syrie, où Renan avait séjourné avec sa sœur, au cours d'une mission scientifique dont l'avait chargé Napoléon III.
2. Expression empruntée à l'Ancien Testament.

gagne le lecteur. N'imitez pas ce style, Sidonie ! Mérimée, Renan et Gaston Boissier vous offriront de meilleurs modèles.

La Versification française

Je vous ai dit que la grammaire, à la différence du dictionnaire, doit être *apprise* et *sue* ; mais entendons-nous. Il ne faut pas apprendre par cœur les règles ; cela est ennuyeux et ne sert de rien. Il faut seulement les *comprendre* parfaitement et savoir par cœur, sans broncher, tous les exemples dont j'aurai l'occasion de les appuyer. Pour faciliter votre tâche, je vous donnerai, le plus possible, des exemples en vers. Mais, d'abord, il faut que je vous explique en quoi le vers français se distingue de la prose et les règles les plus élémentaires de la versification.

Un vers français compte douze syllabes au plus ; il en a souvent 6, 7, 8 ou 10. Le vers de douze syllabes, celui des tragédies de Corneille et de Racine, s'appelle *alexandrin*, du nom d'un vieux poème oublié du XIIe siècle sur Alexandre le Grand. Je vous parlerai seulement de l'alexandrin.

Un mot comme *matin* se compose de deux syllabes qu'on prononce l'une et l'autre ; un mot comme *aurore* se compose de trois syllabes, *au-ro-re*, dont la dernière se prononce à peine et se dit *muette*. Quand un alexandrin se termine par une syllabe *muette*, il a en vérité treize syllabes, mais la treizième ne compte pas :

> Tu mugissais ainsi sous ces roches profondes,
> Ainsi tu te brisais sur leurs flancs déchirés...

De ces deux alexandrins d'une poésie célèbre de Lamartine (*Le Lac*), le premier se termine par une syllabe muette et se compose, par conséquent, de treize syllabes. Bien que les femmes ne passent pas pour être muettes, on appelle cela un vers *à désinence féminine*; l'autre, de douze syllabes, est un vers *à désinence masculine*. Retenez bien cette distinction.

Tout vers français doit *rimer* avec un autre, qui peut le suivre immédiatement, ou venir à la suite d'un second vers, ou encore de deux vers rimant ensemble (p. 40). On dit que deux mots *riment* quand ils se terminent par le même son : *matin* et *satin*, *rivage* et *sauvage*. Les deux premières rimes sont dites *masculines*, les deux dernières sont des rimes *féminines*. Vous voyez que cela n'a rien à voir avec le *genre* des mots, dont je vous parlerai prochainement (p. 31).

Rimes masculines et rimes féminines doivent alterner. Après deux rimes masculines il faut deux rimes féminines, à moins qu'on ne *croise* les rimes, auquel cas la rime masculine et la rime féminine doivent se suivre immédiatement.

Dans l'alexandrin de la tragédie, on a toujours des séries de rimes alternées. Exemple (c'est Titus qui parle à Bérénice) :

> N'accablez point, madame, un prince malheureux;
> Il ne faut point ici nous attendrir tous deux.
> Un trouble assez cruel m'agite et me dévore,
> Sans que des pleurs si chers me déchirent encore. [1]

Voici maintenant des rimes croisées de Lamartine. Le quatrième vers de ce groupe (qu'on appelle une *strophe*) n'a que six syllabes; il pourrait en avoir huit, dix ou douze :

> Un soir, t'en souvient-il? nous voguions en silence;
> On n'entendait au loin, sur l'onde et sous les cieux,
> Que le bruit des rameurs qui frappaient en cadence
> Tes flots harmonieux. [2]

1. Racine, *Bérénice*, IV. 5.
2. Lamartine, *Le Lac* (dans le recueil intitulé *Premières méditations poétiques*).

Il ne suffit pas, en général, que deux mots riment par les voyelles qui les terminent ; il faut encore que la *consonne d'appui* soit identique, surtout lorsque la voyelle est un *c* fermé. Ainsi, *idée* rime très mal avec *fâchée*, bien que Musset se soit permis cette licence ; mais *idée* rime bien avec *cédée* et très bien avec *vidée*.

S'il n'y avait pas de rimes, notre oreille ne sentirait pas assez la fin du vers ; en grec et en latin, où la rime n'existe pas, la fin du vers est aussi accusée très nettement, mais par autre chose que l'on appelle la *mesure*. Vous comprendrez cela quand vous aurez appris le latin.

Deux voyelles de mots différents ne doivent pas se heurter dans un vers français, à moins que la première ne soit adoucie par un *e* muet qui s'élide. Ainsi l'on peut écrire : « Une idé*e* est ven*ue à* mon esprit troublé », mais non pas : « Un am*i e*st ven*u à* l'appel de ma voix. » Cette rencontre interdite s'appelle un *hiatus*, mot latin qui signifie « lacune, ouverture » ; c'est, en effet, comme un trou dans le vers, où la voix bute quand on lit tout haut.

Même en prose il faut éviter les *hiatus* désagréables, par exemple : « Il va à Athènes. » Vous sentez bien que ce n'est pas très joli.

Dans un alexandrin, la voix doit pouvoir s'arrêter un instant au milieu du vers, à la fin d'un mot : c'est ce qu'on appelle la *césure* (du latin *caesura*, coupure). Voici douze syllabes qui, faute de césure, ne font pas un vers :

> Le jour n'est pas plus brillant que vos yeux d'azur.

Évidemment, la voix ne peut pas s'arrêter à mi-chemin ; on ne peut pas prononcer *bril-lant* avec une pause au milieu du mot. Mais le vers sera correct si j'écris :

Le jour n'est pas plus clair | que l'azur de vos yeux.

La césure ne doit pas être précédée d'une syllabe muette, par exemple :

Nous allons ensemble | visiter ces beaux lieux.

Cela n'est par un vers. Il faut écrire :

Nous allons visiter | ensemble ces beaux lieux.

Une syllabe muette — *e* ou *es* — peut occuper la fin d'un vers, quel que soit le commencement du vers suivant ; mais, dans le corps d'un vers, elle ne peut pas rester *en l'air* ; il faut que l'*e* muet s'élide devant une voyelle. Ainsi le vers que voici serait *faux*, c'est-à-dire contraire aux règles admises :

Ma vi*e me* semble un bal où l'orchestre s'est tu.

Il faudrait écrire, pour que le vers fût correct :

Ma vi*e est* comme un bal où l'orchestre s'est tu.

Pénétrez-vous de ces lois de notre versification, car, dans ce qui suivra, je vous citerai souvent, comme exemples à retenir, des vers qui seraient *faux* si l'on n'appliquait pas les règles de la grammaire ; vous les retiendrez et en profiterez d'autant mieux que votre connaissance des règles des vers vous empêchera de les altérer en les récitant.

Quatre vers de Musset

Puisqu'il me reste un peu de place, je copie encore une belle strophe *à rimes croisées* de Musset ; elle vous donnera le goût d'en lire d'autres :

> Les tièdes voluptés des nuits mélancoliques
> Sortaient autour de nous du calice des fleurs ;
> Les marronniers du parc et les chênes antiques
> Se berçaient doucement sous leurs rameaux en pleurs.[1]

N'est-ce pas que ces vers sont harmonieux ? Mais en voilà bien assez pour une première lettre ! Il est vrai que c'est plutôt une causerie qu'une leçon de grammaire ; je vous fais manger votre pain blanc d'abord. La prochaine fois, ce sera du pain bis ; aiguisez vos jolies dents. En attendant, bon courage !

S. R.

1. Alfred de Musset, *Le Saule.*

NOMS ET ADJECTIFS

Deuxième lettre

Ma chère Sidonie,

Je n'ai pas l'intention de vous enseigner longuement ce qui est tout à fait élémentaire. Je courrai la poste[1] sur les terrains faciles et ralentirai aux mauvais pas. Vous voilà prévenue ; en avant !

Je vous rappelle, car vous le savez déjà, que les phrases se composent de mots, les mots de syllabes et les syllabes de lettres ; que les lettres sont des voyelles (*a e i o u y*) ou des consonnes (*b c d f g h j k l m n p q r s t v w x z*) ; qu'une syllabe peut se composer d'une voyelle seule (*a* dans *a-mour*), mais non d'une consonne seule, car celle-ci, comme son nom l'indique, ne peut *sonner* qu'avec (en latin *cum*) une voyelle.

L'Y ne devrait pas s'appeler *y grec*, mais *u grec* ; c'est, en effet, la forme grecque de l'U qui, en latin, à la différence du grec, s'écrit V, comme notre *v*.

La consonne W est d'origine étrangère ; elle se rencontre surtout dans des mots empruntés à l'anglais (comme *wagon*) ou à l'allemand (comme *Walkyrie*).

1. Il y a des syllabes où les voyelles sont employées seules, avec la valeur qu'elles ont dans l'alphabet : par exemple A et I dans *ami*.

1. Expression familière qui signifie *aller vite, se hâter comme les courriers de la poste.* Cela se disait avant les chemins de fer et se dit encore.

2. Dans d'autres syllabes, les voyelles forment des groupes de deux ou de trois qui se prononcent comme un son unique : par exemple O et U, E et U dans *douleur*; E, A et U dans *eau.*

3. Ailleurs, les voyelles sont suivies du son nasal *n* et sont dites *nasales* : par exemple, AN et ON dans *chanson.* D'autres voyelles nasales sont IN et UN : par exemple, *un jardin.*

4. Enfin, deux voyelles associées peuvent former deux sons qui se prononcent très rapidement l'un après l'autre : par exemple IE et AI dans *pierraille.*

Le mot *épouvantail* réunit, dans ses quatre syllabes, les quatre cas que je viens de vous exposer.

CONSONNES ET VOYELLES

Il y a des voyelles *longues*, sur lesquelles on appuie, et des voyelles *brèves*, sur lesquelles on passe plus vite. Les voyelles longues sont souvent distinguées des brèves par l'accent circonflexe. Ainsi :

a est long dans *pâte*, et bref dans *patte.*
e est long dans *pêche*, et bref dans *péché.*
i est long dans *épître*, et bref dans *petite.*
o est long dans *motion*, et bref dans *mode.*
u est long dans *flûte*, et bref dans *culbute.*
eu est long dans *le jeûne*, et bref dans *il est jeune.*
ou est long dans *croûte*, et bref dans *doute.*

On distingue trois sortes d'*e* : l'*e muet*, que l'on entend à peine (sauf dans le chant musical), l'*e fermé* et l'*e ouvert* : *livre, rocher, modèle.* Notez que vous ouvrez la bouche en prononçant l'*e ouvert* et que vous l'ouvrez moins en prononçant l'*e fermé.*

L'*e* muet est propre à notre langue, qui lui doit quelque

chose de son charme. Les mots qui se terminent par une syllabe muette semblent prolonger le son en l'adoucissant ; c'est, dit Voltaire, « comme un clavecin qui résonne quand les doigts ne frappent plus les touches ». Dans le chant musical, ces *e* muets sont embarrassants, car le chanteur est obligé de déclamer *gloir-eu, victoir-eu*, ce qui ne laisse pas d'agacer les auditeurs.

« E » MUET, « H » ASPIRÉ

La consonne *h* est *muette* ou *aspirée*, suivant qu'on ne la prononce pas du tout ou qu'elle motive un léger arrêt de la voix. Ainsi *un homme* (l'*h* est muet) se prononce *unome*, sans arrêt, tandis que *un hameau* (l'*h* est aspiré) se prononce *un ameau*, avec arrêt et sans liaison. Il n'y plus en France que des paysans du Cotentin et de l'Est pour aspirer l'*h*, pour dire, par exemple, *la hhaine* au lieu de *la aine*. L'habitude seule permet d'éviter ce qu'on appelle les *liaisons vicieuses*, par exemple *desaricots* au lieu de *dé aricots* (*haricot* par *h* aspiré) ou, pis encore, *cétonteux* pour *c'est | honteux*.

La Prononciation

La prononciation correcte ne peut s'apprendre qu'en parlant avec des gens instruits. Voici pourtant quelques indications essentielles à retenir :

1. *Saône* (rivière), *paon, faon, Laon* (ville), *Caen* (ville), *août* se prononcent *Sône, pan, fan, Lan, Can, out.*
2. *Estomac, broc, cric, porc, tabac* se prononcent *estoma, bro, cri, por, taba.*

3. CH se prononce comme *k* dans beaucoup de mots d'allure savante : mais il y a de singulières inconséquences. Ainsi l'on dit *architecte* et *arkéologue* (écrit *archéologue*), *archevêque* et *arkange* (écrit *archange*).

4. Le *d* se prononce *t* à la fin des mots devant une voyelle : *grand homme* se dit *grantome.*

5. Le son de l'*f* ne s'entend pas dans *clef* (écrit aussi *clé*), *œufs, bœufs, nerfs* (prononcer *eux, beux, ners*).

6. G ne se prononce pas dans *bourg, faubourg, legs, signet* (*lè, sinè*).

7. On aspire l'*h* de *héros*, mais on dit l'*éroïsme*, l'*éroïne*, l'*éroïque* résolution. C'est absurde, mais je n'y peux rien ; ce sont les caprices d'une belle langue.

8. I ne se prononce pas dans *oignon* et *moignon.*

9. L ne se prononce pas dans *baril, chenil, coutil, fusil, gentil, gril, outil, persil, soûl* (signifiant *ivre*), *sourcil.*

10. M ne se prononce pas dans *damner, condamner, automne.*

11. P ne se prononce pas dans *compter, dompter, sculpter, exempt, prompt, baptême.*

12. R ne se prononce pas à la fin des verbes en *-er*, à moins qu'il ne soit suivi d'une voyelle. Ainsi l'on dit *aimé l'étude* (aimer l'étude), mais *aimèra-chantèrenchœur* (aimer à chanter en chœur).

13. S ne se prononce pas dans *dès que*, et à la fin d'une foule de mots, tels qu'*avis, divers, os* (au pluriel), *alors, sens* (commun). Il est très vulgaire de dire *alorss.*

14. S, entre deux voyelles, se prononce presque toujours comme *z* : *désunir* se lit *dézunir.*

15. T ne se prononce pas à la fin d'*instinct.* Le nom de *Jésus-Christ* se prononce *Jézucri* ; mais alors qu'on supprime le

t final dans le nom complet, on le fait entendre quand on dit *le Christ* (*Christt*).

16. X se prononce comme *ss* dans les noms de villes *Auxerre, Auxonne, Bruxelles* (*Ausserre, Aussonne, Brusselles*).

17. Y, après une voyelle, a le son de deux *i* : ainsi *paysan* a trois syllabes ; *pai-i-san.*

18. Z se prononce seulement à la fin de certains noms propres comme *Suez, Rodez.*

19. Il y a quelques mots où l'usage veut qu'on ne prononce pas toutes les syllabes ; ainsi l'on écrit : *je me décolletterai ce soir, il faut épousseter ces meubles,* mais on prononce : *je me décolterai, il faut épouster* (sur le modèle de *récolter*). Molière écrivait *j'épousterai,* orthographe conforme à la prononciation usuelle.

Prononciation des noms étrangers

Quand on sait des langues étrangères, il y a quelque indiscrétion à en faire étalage et à prononcer les noms étrangers, en particulier les noms propres, comme ils se prononcent dans leur pays d'origine. Toutefois, il y a des noms propres très illustres qu'il ne faut pas prononcer à la française : ainsi vous direz *Baïron* (pour *Byron*), *Gueute* (pour *Gœthe*), *Shékspire* (pour *Shakespeare*), *Ouachinngtonn* (pour *Washington*), *Ouelinngtonn* (pour *Wellington*). Si par hasard quelqu'un de ces noms ne disait rien à votre mémoire, dépêchez-vous de le chercher dans un dictionnaire de biographie.

Les liaisons des consonnes finales avec les voyelles qui suivent exposent à des dangers, car il y a des mots qu'on ne lie jamais : on ne dit pas, par exemple, *ce drapé trop cher* (ce drap | est trop cher). Il est vrai qu'on dira plutôt *vous aiméza lire* que *vous aimé à lire*; mais il est plus prudent, en cas de doute, de s'arrêter un quart de seconde et de ne pas faire la liaison.

Le Nom ou Substantif

La langue française distingue dix espèces de mots, à savoir : le *nom* (ou *substantif*), l'*article*, l'*adjectif*, le *pronom*, le *verbe*, le *participe*, l'*adverbe*, la *préposition*, la *conjonction* et l'*interjection*. Rappelez-vous cet ordre en formant les mots suivants avec les initiales des dix espèces de mots : NAAP V PAPCI. Cela n'a pas de sens, mais se retient facilement; c'est ce qu'on appelle une *formule mnémonique* (du grec *mnêmê*, mémoire).

Les mots APCI (adverbe, préposition, conjonction et interjection) sont *invariables*; les autres sont *variables*, c'est-à-dire que leur terminaison varie (un chev*al*, des chev*aux*; j'aim*e*, j'aim*erai*, etc.)

Le *nom* ou *substantif* désigne un objet, une personne ou une *abstraction*, c'est-à-dire une vue de l'esprit (*abstrait* s'oppose à *concret*) : par exemple *table, père* (noms concrets), *bonheur* (nom abstrait).

Les noms mythologiques, historiques et géographiques (y compris les noms de peuples) sont des *noms propres* et s'écrivent par une majuscule : *Jupiter, Alexandre, Paris, les Allemands.* Les autres sont des *noms communs* : *l'enfant, l'amitié.*

On appelle *noms collectifs* ceux qui désignent un groupe : *la foule, l'armée.*

On appelle *noms composés* ceux qui se composent de plusieurs noms, généralement unis par un signe dit *trait d'union* : *avant-coureur, chef-d'œuvre.*

Tout nom est *masculin* ou *féminin.* Il est naturel que *homme, cheval* soient du masculin et *femme, cavale* du féminin ; mais pourquoi *crayon* est-il masculin et *plume* féminin ? C'est l'usage qui l'a voulu ainsi (l'usage fondé souvent sur l'étymologie, mais peu importe). Même les Français de naissance sont parfois embarrassés pour savoir le *genre* d'un nom, c'est-à-dire s'il est masculin ou féminin ; ainsi l'on dit souvent *une astérisque, une balustre,* alors qu'il faut dire *un astérisque, un balustre.* Quand il s'agit de mots un peu usuels, on reconnaît leur genre en les faisant précéder de l'adjectif *grand* : un Français de naissance, qui peut hésiter sur le genre d'*incendie,* dira naturellement *un grand incendie* et non *une grande incendie.* Quant aux étrangers, ils apprendront des phrases contenant des mots difficiles ; je vous en dispense volontiers.

Beaucoup de noms d'êtres animés (*pas* de choses) ont une forme particulière au féminin : *chien, chienne ; lion, lionne ; danseur, danseuse ; berger, bergère ;* mais je traiterai cette question plus loin, avec celle du féminin des adjectifs.

Formation du pluriel

Un nom peut être au *nombre singulier* ou au *nombre pluriel* (plus brièvement, au *singulier* ou au *pluriel*). Il y a des noms qui s'emploient seulement au singulier (*la faim, la soif*) et d'autres qui ne s'emploient qu'au pluriel (*les ténèbres, les funérailles*).

En général, le pluriel se forme par l'addition d'*s* : *un enfant, des enfants.* Mais :

1. Les noms terminés par *s, x, z* n'ajoutent pas d'*s* au pluriel : *des héros, des voix, des nez.*

2. Les noms en *-au* et en *-eu* prennent au pluriel un *x* : *des tableaux, des cheveux.*

3. Sept noms en *-ou* prennent aussi un *x* au pluriel : *bijou, caillou, chou, genou, joujou, hibou, pou.*

4. Les noms en *-al* font le pluriel en *-aux* : *un cheval, des chevaux.* Excepté quelques noms qui font le pluriel en *-als*, notamment *bal, régal* et *chacal.*

5. Six noms en *ail* font le pluriel en *aux* : ce sont *émail* (*émaux*), *bail* (*baux*), *corail* (*coraux*), *soupirail* (*soupiraux*), *vitrail* (*vitraux*), *travail* (*travaux*). *Bétail* n'a pas de pluriel ; on se sert du mot *bestiaux* qui a le même sens et n'a pas de singulier.

6. *Ciel, œil, aïeul,* font au pluriel *cieux, yeux, aïeux.* On dit cependant des *ciels-de-lit,* des *œils-de-bœuf* (petites lucarnes).

7. Le *t* est toujours omis dans *gens,* pluriel de *gent,* vieux mot qu'on emploie parfois au sens collectif : *la gent trotte-menu,* c'est-à-dire les souris, dans une fable de La Fontaine.

En somme, les exceptions à la règle *que le pluriel se forme en ajoutant* s *au masculin* peuvent se résumer dans l'alexandrin que voici :

Héros, tableaux, bijoux, chevaux, émaux, cieux, gens.

L'ARTICLE

C'est un petit mot qui précède le nom ; au singulier, *le* pour le masculin, *la* pour le féminin ; au pluriel, *les* pour les deux genres. Les noms communs peuvent toujours être précédés de l'article ; on l'omet souvent devant les noms propres ; ainsi l'on dit *Alexandre, Paris,* mais *les Vosges, l'Allemagne.*

L'article peut s'*élider* ; l'*élision* est la suppression des voyelles *a, e,* qu'on remplace par un signe dit *apostrophe* devant une voyelle ou un *h* muet, afin d'éviter l'*hiatus* (page 22). Ainsi on dit *l'esprit* et non *le esprit, l'homme* et non *le homme.* Mais on dit *le héros,* parce que l'*h* de *héros* est aspiré (page 27).

L'article peut se *contracter* ; la *contraction* consiste dans la réunion de l'article masculin *le, les* avec les prépositions *à* et *de.* Ainsi l'on dit : *au pain* et non *à le pain* ; *du vin* et non *de le vin* ; *aux fruits* et non *à les fruits* ; *des pommes* et non *de les pommes.* Les contractions *au, du* n'ont pas lieu devant une voyelle ou un *h* muet ; ainsi l'on dit *à l'abbé* et non *au abbé* ; *de l'honneur* et non *du honneur.* Mais on dira *du hameau* et non *de l'hameau,* parce que l'*h* de *hameau* est aspiré. Ici encore, l'usage est motivé par la crainte de l'*hiatus* (p. 22).

L'ADJECTIF

C'est un mot qui exprime la qualité ou la manière d'être d'un nom : *l'enfant docile, la table ronde.* Il sert aussi à désigner, à marquer la possession ou le rang : *cet habit, mon habit,* le *premier habit.*

On appelle *adjectifs verbaux* ceux qui dérivent des verbes ; ils sont toujours terminés au masculin singulier par *-ant* : *un homme charmant.*

On appelle *adjectifs composés* ceux qui sont formés de deux adjectifs réunis par un trait d'union : *nouveau-né, aigre-doux.*

Un adjectif précédé de l'article peut être employé comme substantif, tant au singulier qu'au pluriel :

Entre *le pauvre* et vous, vous prendrez Dieu pour juge[1]...
Le bonheur *des méchants* comme un torrent s'écoule[2]...

Féminin des noms et des adjectifs

L'adjectif *s'accorde* avec le nom en genre et en nombre : *le bon garçon, les bons garçons*; *la belle fille, les belles filles.*

Je vous ai dit (p. 31) que les noms d'*êtres animés* ont d'ordinaire une forme spéciale au féminin. Les règles sont les mêmes, à cet égard, pour les noms et pour les adjectifs.

En général, le nom ou l'adjectif prend *e* au féminin : *cousin, cousine*; *petit, petite.* Mais il y a des exceptions :

1. Les adjectifs terminés par *e* muet restent invariables : *un homme aimable, une femme aimable.*

2. Les noms et adjectifs en *-el, -eil, -ien, -on* font le féminin en *elle, eille, ienne, onne.* Il suffit de retenir le quatrain que je vous dédie :

J'aime en vous la discrétion,
La *bonne* humeur, toujours *pareille.*
Et cette *ancienne* affection
Chaque jour *telle* que la veille.

3. Les adjectifs en *-et*, comme *complet, inquiet*, ont le féminin en *-ète* (avec accent grave) : *complète, inquiète.* Cependant on écrit *coquette, muette*, ce qui est absurde; mais qu'y pouvons-nous ?

4. Un certain nombre de noms et d'adjectifs doublent, au féminin, la consonne finale : ainsi l'on dit *chatte, linotte,*

1. Racine. *Athalie*, IV. 3.
2. *Ibid.*, II. 7.

sotte; *nulle, gentille, paysanne*; *basse, grasse, lasse*; *épaisse, grosse. Tiers* fait *tierce.*

5. Les noms et adjectifs en *-f* et en *-x* ont le féminin en *-ve* et en *-se* : *neuf, neuve*; *heureux, heureuse*; *époux, épouse*; *jaloux, jalouse.*

6. *Beau, jumeau, nouveau, fou, mou,* font au féminin *belle, jumelle, nouvelle, folle, molle.* De même, *chameau* fait au féminin *chamelle. Beau, nouveau, fou* et *mou* prennent au masculin les formes *bel, nouvel, fol, mol* devant une voyelle ou un *h* muet : *bel habit, nouvel an, fol espoir, mol édredon.*

7. *Blanc* et *franc, frais* et *sec, public, caduc, turc* et *grec,* font au féminin *blanche, franche, fraîche, sèche, publique, caduque, turque, grecque.*

8. *Long, bénin, malin, favori, devin,* font au féminin *longue, bénigne, maligne, favorite, devineresse.*

9. Les noms et adjectifs en *-eur* font généralement le féminin en *-euse* : *danseur, danseuse*; *menteur, menteuse.* Mais : (*a*) *demandeur* et *défendeur* (ceux qui plaident l'un contre l'autre en justice) font *demanderesse* et *défenderesse*; (*b*) *chasseur, pécheur* (celui qui commet des péchés, pas le pêcheur à la ligne !) et *vengeur,* font *chasseresse, pécheresse, vengeresse* (Théodore de Banville a même écrit *blanchisseresse* au lieu de *blanchisseuse*) ; (*c*) les noms et adjectifs en *-teur* font souvent le féminin en *-trice* : *acteur, actrice*; *enchanteur* fait *enchanteresse*; (*d*) *chanteur* fait *chanteuse* ou *cantatrice* (mot italien) ; *ambassadeur* fait *ambassadrice*; *empereur* fait *impératrice*; (*e*) les adjectifs en *-érieur* font le féminin en *-érieure,* comme *extérieure*; de même *majeure, mineure, meilleure*; (*f*) *gouverneur* et *serviteur* font *gouvernante* et *servante.*

Voilà bien des irrégularités, et je vous en ai épargné quelques-unes. Il n'est pas difficile de se loger dans la mémoire mes petits alinéas 3-9 ; pour en retenir la succession, voici quelques phrases très banales où figurent, suivant l'ordre choisi, des formes de l'adjectif citées en exemples dans chacun d'eux. C'est encore de la *mnémonique* (p. 30), bête, si l'on veut, mais utile et qui épargne des efforts mieux placés ailleurs :

> Cette *coquette* est *sotte*; sa robe *neuve* lui paraît *belle*; elle a le *fol* espoir qu'elle restera *blanche*.
> Une *longue* robe ne convient ni à une *danseuse* ni à une *chasseresse*; pour une *actrice* ou une *cantatrice*, une *ambassadrice* ou une *impératrice*, elle est *meilleure* que pour une *servante*.

J'ajoute enfin qu'il y a des noms et des adjectifs sans forme du féminin usitée : on dit *une femme professeur* ou *un professeur femme, une femme témoin*, etc. Depuis quelques années on se sert des féminins *autrice* (d'*auteur*) et *doctoresse* (de *docteur*).

Pluriel des adjectifs

La règle générale est que le pluriel se forme par l'addition de *s* : *bon, bonne*, font au pluriel *bons, bonnes*. Mais il y a des exceptions :

1. Les adjectifs terminés par *s* ou *x* ne changent pas au pluriel masculin : ainsi *gris, doux* sont du singulier ou du pluriel.
2. Les adjectifs en *-au* ajoutent *x* au pluriel masculin : *beau, beaux*; *nouveau, nouveaux*.
3. Les adjectifs en *-al* font le pluriel masculin en *aux* : *loyal, loyaux*; *égal, égaux*. Beaucoup d'adjectifs en *-al* ne sont pas employés au pluriel masculin ; *fatals* n'est pas moins à éviter que *fataux*. Un prince demandait à un académicien s'il fallait dire *des combats navals* ou *des combats navaux*. « Monseigneur, répondit l'académicien, il faut dire des combats sur mer. »
4. Le mot *tout*, au pluriel, perd le *t* final : *tous*. De bons

auteurs suppriment aussi le *t* final dans le pluriel masculin d'adjectifs en *-ant, -ent* et écrivent *charmans, prudens.* Mais l'Académie écrit aujourd'hui *charmants, prudents.*

Résumé mnémonique :

Doux, beaux, loyaux,
Tous *sont* charmants.

Les adjectifs dont j'ai parlé jusqu'à présent expriment des qualités : ils sont *qualificatifs.* On appelle *déterminatifs* ceux qui expriment une idée accessoire, par exemple celle de possession ou d'indication. Ainsi, quand je dis : *ma maison,* le déterminatif *ma* en fait connaître le possesseur ; si je dis *ce livre,* le déterminatif *ce* équivaut à un geste du doigt qui montrerait le livre en question.

On distingue quatre espèces d'adjectifs déterminatifs : les adjectifs *numéraux, démonstratifs, possessifs* et *indéfinis* (formule : NuDéPI).

Adjectifs numéraux

Ils ajoutent une idée de nombre ou d'ordre, suivant qu'ils sont *cardinaux* ou *ordinaux. Un, deux, trois, vingt, cent,* etc., sont des adjectifs numéraux cardinaux ; *premier, second, centième,* etc., sont des adjectifs numéraux ordinaux.

Adjectifs démonstratifs

Ils ajoutent une idée d'indication, comme le geste de la main ou du doigt : *ce, cet* pour le masculin singulier, *cette* pour le féminin singulier, *ces* pour le pluriel.

Cet s'emploie seulement devant une voyelle ou un *h* muet : *cet oiseau, cet homme*, mais *ce héros.*

Adjectifs possessifs

Ils ajoutent l'idée de possession.

Masculin : Mon, ton, son, | notre, votre, leur.
Féminin : Ma, ta, sa, | notre, votre, leur.
Pluriel : Mes, tes, ses, | nos, vos, leurs.

Au féminin, devant une voyelle ou un *h* muet, on ne dit pas *ma, ta, sa*, mais *mon, ton, son* ; c'est encore pour éviter l'hiatus (p. 22). Ainsi l'on dira : *mon âme, ton honneur, son intelligence.*

Adjectifs indéfinis

Ils ajoutent l'idée de généralité ou d'indétermination. Ce sont : *certain, chaque, nul, aucun* | *quelque, tout, même, plusieurs* | *tel, quel, quelconque.*

Bonsoir,

S. R.

PRONOMS ET VERBES

Troisième lettre

Ma chère Sidonie,

Je vais vous parler aujourd'hui des pronoms et vous donner quelques idées générales sur les verbes.

Le pronom, comme son nom l'indique, est un mot qui tient la place du nom.

Les pronoms sont : 1. personnels ; 2. démonstratifs ; 3. possessifs ; 4. indéfinis (formule : *Perdez point*).

Pronoms personnels

Ils désignent la personne qui parle (c'est la première), celle à qui l'on parle (c'est la seconde) et celle dont on parle (c'est la troisième), évitant ainsi de répéter les noms des personnes et en tenant lieu. Ainsi, quand je dis de vous : *Elle sourit*, c'est comme si je disais : *Sidonie sourit*; quand vous me dites : *J'écoute*, c'est comme si vous disiez : *Sidonie écoute.*

Les pronoms personnels sont :

Pour la 1re personne : *je, me, moi, nous.*
Pour la 2e personne : *tu, te, toi, vous.*
Pour la 3e personne : *il, ils ; elle, elles ; lui, eux ;*
le, la, les ; leur, se, soi, en, y.

Vous savez que *le, la, les* sont aussi des articles ; mais quand ils sont employés comme articles, ils précèdent toujours un nom (*le livre, les plumes*), tandis qu'employés comme pronoms ils précèdent toujours un verbe (*je le vois, je les reconnais*).

Voici deux alexandrins qui vous donnent des exemples de *se, soi, en, y.*

> L'homme content de *soi* — j'*en* sais plus d'un ici —
> *Se* croit mille talents ; faut-il *y* croire aussi ?

PRONOMS DÉMONSTRATIFS

Ces pronoms sont : *Ce ; celui, ceux ; celle, celles ; celui-ci, ceux-ci ; celle-ci, celles-ci ; celui-là, ceux-là ; celle-là, celles-là ; ceci, cela.*

Quand je dis : *ce sont eux, ce dont je parle, ce qui me plaît... ce* est un pronom démonstratif ; il accompagne toujours le verbe *être*, ou est suivi d'un autre pronom. Il se distingue ainsi facilement de l'adjectif démonstratif *ce*, qui est toujours suivi d'un nom : *ce livre.*

Quand on oppose *celui-ci* à *celui-là*, ce dernier pronom désigne l'objet le plus éloigné. Voici de jolis vers de Voltaire qui vous feront comprendre cette distinction :

> Tel est l'avantage ordinaire
> Qu'ont sur la *beauté* les TALENTS :
> CEUX-CI plaisent dans tous les temps,
> *Celle-là* n'a qu'un temps pour plaire.

PRONOMS POSSESSIFS

MASCULIN SINGULIER : *le mien, le tien, le sien* | *le nôtre, le vôtre, le leur.* — FÉMININ SINGULIER : *la mienne, la tienne, la sienne* | *la nôtre, la vôtre, la leur.* — MASCULIN PLURIEL : *les miens, les tiens, les siens* | *les nôtres, les vôtres, les leurs.* — FÉMININ PLURIEL : *les miennes, les tiennes, les siennes* | *les nôtres, les vôtres, les leurs.*

PRONOMS RELATIFS

On les appelle ainsi parce qu'ils sont en *relation* étroite avec l'idée du nom ou du pronom qui les précède. Exemples : *l'homme* qui *rit, celui* dont *je parle.*

Les pronoms relatifs sont :

Qui, que, quoi, dont,
Lequel, laquelle, lesquels, lesquelles.

Le nom ou pronom qui est en relation intime avec le relatif s'appelle son *antécédent* : *l'homme* (antécédent) *que j'admire*; *celle* (antécédent) *dont je reçois les leçons.*

PRONOMS INDÉFINIS

On les nomme ainsi parce qu'ils désignent d'une manière vague les personnes ou les objets dont ils rappellent l'idée.

Ce sont :

On, quiconque, quelqu'un, chacun,
L'autre, l'un et l'autre, autrui, l'un.
Personne.

Les adjectifs indéfinis *aucun, nul, certain, plusieurs, tel* (p. 38), quand ils ne sont pas joints à un nom, peuvent jouer le rôle de pronoms indéfinis : *aucun n'a répondu, nul n'a parlé, certains estiment, plusieurs disent, tel veut tromper autrui qui se trompe lui-même.*

Abordons maintenant

LE VERBE

dont l'étude est moins difficile qu'on ne croit quand on la conduit avec méthode. Mais il ne faut pas craindre de multiplier les divisions.

Le verbe est un mot par lequel on affirme que l'attribut convient au sujet. Vous ne comprenez pas ? Attendez.

SUJET, ATTRIBUT, ÉPITHÈTE ET COMPLÉMENT

Je vais vous expliquer d'abord ce qu'on entend par le *sujet, l'attribut, l'épithète* et le *complément.*

Quand je dis : *Pierre est bon : il donne un livre à Paul,* vous pouvez demander :

> Qui est-ce qui donne ? C'est *Pierre,* le *sujet.*
> Qu'est-ce qu'est Pierre ? Il est *bon,* c'est l'*attribut.*
> Qu'est-ce qu'il donne ? Un *livre,* c'est le *complément direct.*
> À qui donne-t-il ? À *Paul,* c'est le *complément indirect.*

Ainsi, le *sujet* est la personne ou l'objet (au singulier ou au pluriel) dont on affirme telle chose ; *l'attribut* est la qualité qu'on attribue à une personne ou à un objet *au moyen d'un verbe*; le *complément direct* est la personne ou l'objet qui précise, sans l'intervention d'un autre mot, la signification du verbe ; le *complément indirect* est la personne ou l'objet qui précise cette signification au moyen d'un autre mot. Ces « autres mots » sont des prépositions, telles que *à, de, pour, avec, dans.*

Si, au lieu de : *Pierre est bon*, je disais : *le bon Pierre*, l'adjectif *bon* ne serait plus *attribut*, mais *épithète*[1], car il désignerait une qualité sans l'aide d'un verbe. Soit donc ce vers :

La paix semble profonde en ces lointains vallons.

La paix, sujet ; *profonde*, attribut ; *en ces vallons*, complément indirect ; *lointains*, épithète.

Est-ce difficile ? Je ne le pense pas ; du moins ce ne sera pas difficile pour vous.

Maintenant, voyons le verbe.

Dans *Pierre est bon*, le verbe *est* affirme que l'attribut *bon* convient au sujet *Pierre* ; c'est pourquoi je vous ai dit que LE VERBE AFFIRME LA CONVENANCE DE L'ATTRIBUT AU SUJET. Avais-je raison ?

Avec le verbe *être*, qu'on appelle *verbe substantif*, parce qu'il exprime la *substance*, l'attribut est toujours exprimé. Si je dis : *Je suis celui qu'on craint*, les mots *celui qu'on craint* sont l'attribut ; c'est comme si je disais : *je suis redoutable*.

Avec tous les autres verbes, l'attribut est sous-entendu, ou plutôt enfermé dans le verbe d'où il faut l'extraire. Ainsi *je cours* signifie *je suis courant* ; *elle rêve* signifie *elle est rêvant*. *Courant* et *rêvant* sont les attributs, au sujet desquels on affirme qu'ils conviennent aux sujets, *je, elle*, quand on dit *je cours, elle rêve*.

Soit encore le vers :

La nuit porte conseil aux mortels incertains.

1. D'un mot grec qui signifie « idée ajoutée ».

Il n'y a pas seulement dans ce vers une épithète de *mortels*, qui est *incertains*; il y a l'attribut enfermé dans le verbe *porte*, qui est *portant*; « La nuit est portant conseil. »

Ne dites pas que ce sont là des chinoiseries; au contraire, c'est très intéressant; cela force et cela enseigne à réfléchir.

Pronoms et compléments

Vous savez donc ce que c'est qu'un verbe, et vous savez ce qu'on entend par les mots *sujet, attribut* et *complément* du verbe. Puisque je vous ai parlé la dernière fois des pronoms, je veux vous dire aussi que certains pronoms servent de *compléments indirects*, bien qu'on ne les emploie pas avec des prépositions, parce qu'ils RENFERMENT ces prépositions. Ainsi : *je leur ai dit, il faut y croire, je m'en moque*, équivalent à *j'ai dit à eux, il faut croire à cela, je me moque de cela.* Donc, *leur, y, en* sont des compléments indirects. Un pronom comme *nous* peut être tantôt complément direct (*il nous trompe*), tantôt complément indirect (*il nous raconte*). C'est facile à distinguer. Rappelez-vous qu'il faut toujours poser la question : « Il trompe qui? *nous*! » — donc, *nous* est complément direct. « Il raconte qui *ou* à qui? *à nous*! » — donc, *nous* est complément indirect. Vous n'aurez jamais l'étourderie de répondre : « Il raconte qui? *nous*! » — car vous savez que cela ne signifie rien. Il suffit, en général, d'une seconde d'attention pour reconnaître la nature d'un complément.

Je profite de l'occasion pour vous dire que les noms, les adjectifs et les pronoms ont aussi des compléments; ce sont les mots qui, précédés de prépositions, précisent le sens des noms, adjectifs ou pronoms. Exemples : *le livre de Pierre* (*Pierre* est complément de *livre*) ; *Pierre est avide de louanges* (*louanges* est le complément d'*avide*) ; *un de vous me trahira* (*vous* est complément de *un*). Cela est trop simple pour qu'il soit besoin d'y insister.

Cinq espèces de verbes

En dehors du verbe substantif *je suis* (être), il y a cinq espèces de verbes : le verbe *actif*, le verbe *passif*, le verbe *neutre*, le verbe *pronominal* et le verbe *unipersonnel*. En voici des exemples :

> J'aime, verbe *actif*;
> Je suis aimé, verbe *passif*;
> Je vais, verbe *neutre*;
> Je me trompe, verbe *pronominal*;
> Il pleut, verbe *unipersonnel*.

J'aime exprime une action et peut recevoir un complément direct : *j'aime ma sœur*. — *Je suis aimé* exprime un état ou une action venue d'ailleurs et ne peut recevoir qu'un complément indirect : *je suis aimé de ma sœur*. — *Je vais* n'est ni actif ni passif, parce qu'il ne peut pas avoir de complément direct (donc, il n'est pas actif) et qu'il n'exprime pas un état ou une action subie (donc, il n'est pas passif). C'est un verbe *neutre*. *Neutre* vient du latin *neutrum*, signifiant « ni l'un ni l'autre ». Pour savoir si un verbe est actif ou neutre, essayez de mettre après lui les mots *quelqu'un* ou *quelque chose*; si cela ne donne pas de sens, c'est qu'il est neutre. Ainsi *je languis* est neutre, parce qu'on ne dit pas *je languis quelqu'un* ou *quelque chose*.

Je me trompe est un verbe construit avec deux pronoms, d'où son nom de *pronominal*. Il y a des verbes dits *toujours pronominaux*, parce qu'ils ne peuvent pas se construire autrement : par exemple, *je me souviens*. On dit, en effet, *tromper quelqu'un*, mais non pas *souvenir quelqu'un* ou *quelque chose*. — Enfin, *il pleut* est *unipersonnel* parce que le verbe *pleuvoir* ne peut s'employer qu'à la troisième personne du singulier ; en effet, on ne dit pas *je pleus, tu pleus.* Des verbes neutres, passifs et pronominaux peuvent être employés comme verbes unipersonnels : *il tombe de la pluie* ; *il a été décidé qu'on partirait* ; *il se présente une difficulté.*

Le Nombre et la Personne. Les Modes, les Temps

Maintenant, il faut vous instruire des changements de formes et de terminaisons qui se produisent dans le verbe et, d'abord, les rapporter à leurs quatre causes : le *nombre*, la *personne*, le *mode*, le *temps*. Dans *nous résisterions*, par exemple, on distingue ces quatre causes : *nous*, pluriel de la 1re personne, marque le *nombre* et la *personne* ; *résisterions* marque le nombre et la personne, mais aussi le *mode* (conditionnel) et le *temps* (présent). Si je disais : *Nous aurions résisté*, le *mode* serait toujours le conditionnel, mais le *temps* serait le passé.

Ainsi :

1. Le *nombre* indique l'unité ou la pluralité : JE *marche*, NOUS *marchons* ;
2. La *personne* indique si le sujet est de la 1re, de la 2e ou de la 3e personne : J'*aime*, TU *aimes*, IL *aime* ;
3. Le *mode* (du latin *modus*, manière) indique la nuance de l'affirmation marquée par le verbe : *je cours* (c'est un fait) ; *cours* ! (c'est un ordre) ; *je veux que tu coures* (c'est un désir).

Les Modes

On distingue cinq modes : *indicatif, conditionnel, impératif, subjonctif, infinitif* (formule : ICISI).

L'*indicatif* affirme : *je cours.*

Le *conditionnel* affirme sous réserve d'une *condition* : *je courrais* (si je n'étais pas fatigué).

L'*impératif* commande : *cours*!

Le *subjonctif* exprime un désir, un doute ou une dépendance : je désire *que vous couriez*; il faudrait *que vous prissiez parti.*

L'*infinitif* présente l'affirmation d'une manière vague ; il n'a ni nombre ni personne ; c'est, en réalité, un nom tiré du verbe, et il peut toujours être remplacé par un nom. Ainsi *j'espère réussir* équivaut à *j'espère le succès*; *je veux partir* équivaut à *je veux le départ.*

Parce que l'infinitif, à la différence des autres modes, ne marque pas la personne, on l'appelle *mode impersonnel*; les autres sont les *modes personnels.* Retenez bien cela ; c'est important pour certaines règles que je vous enseignerai.

Il me reste à vous parler des *temps*, c'est-à-dire de la forme que prend le verbe pour marquer si l'affirmation qu'il exprime répond au présent, au passé, ou au futur.

Les Temps

Il est évident qu'il n'y a qu'*un* temps présent, car c'est l'instant fugitif où l'on parle. Mais il y a plusieurs sortes de *passés* et de *futurs.*

1. Cinq temps passés : *imparfait, passé défini* (ou *simple*), *passé indéfini* (ou *composé*), *passé antérieur, plus-que-parfait.* Exemples :

Imparfait : Je lisais.
Passé Défini (ou Simple) : Je lus.

PASSÉ INDÉFINI (ou COMPOSÉ) : J'ai lu.
PASSÉ ANTÉRIEUR : J'eus lu.
PLUS-QUE-PARFAIT : J'avais lu.

« Je *lisais* hier ce livre que vous me *lûtes* l'an dernier : je, l'*ai lu* avec plaisir ; quand je l'*eus lu* presque en entier, je m'aperçus que vous me l'*aviez* déjà *lu.* »

Cette phrase un peu baroque est bonne à retenir ; elle vous enseigne les nuances de sens attachées aux temps passés. Le passé antérieur a toujours été rare. Il est aujourd'hui fort peu employé et le passé défini ne l'est guère ; la langue a une tendance à se contenter de l'imparfait (de plus en plus usité) du passé indéfini et du plus-que-parfait.

2. Deux temps futurs : *futur simple, futur antérieur.* Exemples :

FUTUR SIMPLE : Je lirai.
FUTUR ANTÉRIEUR : J'aurai lu (demain).

Vous voyez qu'il y a des *temps simples,* comme *je lisais, je lirai,* et des *temps composés,* comme *j'ai lu, j'étais venu.* Les temps composés se forment à l'aide d'un des verbes *avoir* ou *être,* que l'on appelle, à cause de cela, *auxiliaires.* Il faut connaître les formes de ces deux verbes pour pouvoir réciter les temps composés des autres — ce qu'on appelle les *conjuguer.* Je vous enseignerai donc, dans ma prochaine lettre, à *conjuguer* les auxiliaires ; d'ici là, essayez de bien comprendre le contenu de ma lettre d'aujourd'hui. Surtout ne vous contentez pas de comprendre à moitié ; c'est pire que de ne rien comprendre du tout, car l'ignorance s'aggrave par l'illusion du savoir.

À vous bien cordialement.

S. R.

LA CONJUGAISON

QUATRIÈME LETTRE

Ma chère Sidonie,

Il faut pouvoir conjuguer un verbe sans hésitation, d'un bout à l'autre ; rien ne tient lieu de cet effort nécessaire de la mémoire. Mais je trouve regrettable l'habitude d'« écrire des verbes » ; réservez votre encre à des besognes plus utiles et ne copiez pour votre usage que de beaux vers, quand vous en trouverez qui vous plairont. Je vous le recommande en passant, mais avec instance ; le meilleur recueil de vers est celui qu'on se fait soi-même, la plume à la main. Cela dit, conjuguons d'abord AVOIR.

VERBE AUXILIAIRE AVOIR

1° Indicatif

PRÉSENT : J'ai, tu as, il (*ou* elle) a ; nous avons, vous avez, ils (*ou* elles) ont.

IMPARFAIT : J'avais, tu avais, il (*ou* elle) avait ; nous avions, vous aviez, ils (*ou* elles) avaient.

[Je n'écrirai plus « il *ou* elle » ; c'est ennuyeux.]

PASSÉ DÉFINI : J'eus, tu eus, il eut ; nous eûmes, vous eûtes, ils eurent.

PASSÉ INDÉFINI : J'ai eu, tu as eu, il a eu ; nous avons eu, vous avez eu, ils ont eu.

Passé Antérieur : J'eus eu, tu eus eu, il eut eu ; nous eûmes eu, vous eûtes eu, ils eurent eu.

Ce temps est peu usité.

Plus-que-Parfait : J'avais eu, tu avais eu, il avait eu ; nous avions eu, vous aviez eu, ils avaient eu.
Futur : J'aurai, tu auras, il aura ; nous aurons, vous aurez, ils auront.
Futur Antérieur : J'aurai eu, tu auras eu, il aura eu ; nous aurons eu, vous aurez eu, ils auront eu.

2° Conditionnel

Présent : J'aurais, tu aurais, il aurait ; nous aurions, vous auriez, ils auraient.
Passé I : J'aurais eu, tu aurais eu, il aurait eu ; nous aurions eu, vous auriez eu, ils auraient eu.
Passé II : J'eusse eu, tu eusses eu, il eût eu ; nous eussions eu, vous eussiez eu, ils eussent eu.

Ce second conditionnel passé a le même sens que le premier ; il est moins employé en prose.

3° Impératif

Aie, ayons, ayez.

4° Subjonctif

Présent : Que j'aie, que tu aies, qu'il ait ; que nous ayons, que vous ayez, qu'ils aient.

Ce présent sert aussi de futur. Si je dis : « Il faut que tu aies un dictionnaire », cela peut signifier également « il faut que tu l'aies tout de suite » et « il faut que tu l'aies la semaine prochaine ».

Imparfait : Que j'eusse, que tu eusses, qu'il eût ; que nous eussions, que vous eussiez, qu'ils eussent.
Passé : Que j'aie eu, que tu aies eu, qu'il ait eu ; que nous ayons eu, que vous ayez eu, qu'ils aient eu.
Plus-que-Parfait : Que j'eusse eu, que tu eusses eu, qu'il eût eu ; que nous eussions eu, que vous eussiez eu, qu'ils eussent eu.

5° Infinitif

Présent : Avoir.
Passé : Avoir eu.

6° Participe

Présent : Ayant.
Passé : Eu, ayant eu.

Notez que le verbe *avoir* est généralement un verbe actif : *j'ai un livre.* Il n'est verbe auxiliaire que lorsqu'il précède son propre participe passé ou celui d'un autre verbe : *j'ai eu un livre, j'ai lu un livre.*

Verbe auxiliaire être

1° Indicatif

Présent : Je suis, tu es, il est ; nous sommes, vous êtes, ils sont.
Imparfait : J'étais, tu étais, il était ; nous étions, vous étiez, ils étaient.
Passé Défini : Je fus, tu fus, il fut ; nous fûmes, vous fûtes, ils furent.
Passé Indéfini : J'ai été, tu as été, il a été ; nous avons été, vous avez été, ils ont été.

PASSÉ ANTÉRIEUR : J'eus été, tu eus été, il eut été ; nous eûmes été, vous eûtes été, ils eurent été.

Ce temps est peu usité.

PLUS-QUE-PARFAIT : J'avais été, tu avais été, il avait été ; nous avions été, vous aviez été, ils avaient été.
FUTUR SIMPLE : Je serai, tu seras, il sera ; nous serons, vous serez, ils seront.
FUTUR ANTÉRIEUR : J'aurai été, tu auras été, il aura été ; nous aurons été, vous aurez été, ils auront été.

2° Conditionnel

PRÉSENT : Je serais, tu serais, il serait ; nous serions, vous seriez, ils seraient.
PASSÉ I : J'aurais été, tu aurais été, il aurait été ; nous aurions été, vous auriez été, ils auraient été.
PASSÉ II : J'eusse été, tu eusses été, il eût été ; nous eussions été, vous eussiez été, ils eussent été.

Même sens que le Passé I, mais plus usité en poésie qu'en prose.

3° Impératif

Sois, soyons, soyez.

4° Subjonctif

PRÉSENT : Que je sois, que tu sois, qu'il soit ; que nous soyons, que vous soyez, qu'ils soient.

Tous les subjonctifs présents ont aussi le sens de subjonctifs futurs. « Je désire que tu sois une fille instruite » se rapporte également au présent et à l'avenir.

IMPARFAIT : Que je fusse, que tu fusses, qu'il fût ; que nous fussions, que vous fussiez, qu'ils fussent.
PASSÉ : Que j'aie été, que tu aies été, qu'il ait été ; que nous ayons été, que vous ayez été, qu'ils aient été.
PLUS-QUE-PARFAIT : Que j'eusse été, que tu eusses été, qu'il eût été ; que nous eussions été, que vous eussiez été, qu'ils eussent été.

5° *Infinitif*

PRÉSENT : Être.
PASSÉ : Avoir été.

6° *Participe*

PRÉSENT : Étant.
PASSÉ : Été, ayant été.

Notez qu'*être* est essentiellement un verbe *substantif*, exprimant la convenance de l'attribut au sujet : *Vous êtes studieuse.* Il n'est auxiliaire que lorsqu'il précède le participe passé d'un autre verbe : *je suis aimée.* Les gens sans éducation disent souvent *je suis été* (pour *je suis allé*), mais c'est une grosse faute ; le verbe *être* ne doit pas se construire avec son propre participe.

LES QUATRE CONJUGAISONS

Les autres verbes se répartissent en quatre *groupes* : c'est ce qu'on appelle les quatre *conjugaisons.* L'usage vous a déjà appris que les verbes ne se conjuguent pas tous pareillement ; ainsi vous dites : *j'ai vu*, mais non *j'ai aimu* ; vous dites *rendre* et *venir*, mais non pas *aimir* ou *viendre.* Des quatre conjugaisons — en *er*, en *ir*, en *oir*, en *re* (désinences de l'infinitif présent) — la 1re seule est restée *vivante*, c'est-à-dire que lorsqu'on forme des verbes nouveaux, ils sont *toujours* de la 1re conjugaison. Ainsi l'on dit *photographier, téléphoner, boycotter* (du nom du capitaine irlandais Boycott, mort en 1897, qui fut le premier l'objet d'une mise en quarantaine de ce genre) et personne n'a jamais écrit *photographir, téléphonoir, boycottre*. On peut donc considérer que les conjugaisons II-IV ne sont plus, dans notre langue, que des survivances du passé ; les verbes de la 1re conjugaison sont d'ailleurs beaucoup plus nombreux que les autres.

Première conjugaison active

Infinitif en -er
Verbe Aimer

1° Indicatif

Présent : J'aime, tu aimes, il aime ; nous aimons, vous aimez, ils aiment.

Imparfait : J'aimais, tu aimais, il aimait ; nous aimions, vous aimiez, ils aimaient.

Passé Défini : J'aimai, tu aimas, il aima ; nous aimâmes, vous aimâtes, ils aimèrent.

Passé Indéfini : J'ai aimé, tu as aimé, il a aimé ; nous avons aimé, vous avez aimé, ils ont aimé.

Passé Antérieur : J'eus aimé, tu eus aimé, il eut aimé ; nous eûmes aimé, vous eûtes aimé, ils eurent aimé.

Plus-que-Parfait : J'avais aimé, tu avais aimé, il avait aimé ; nous avions aimé, vous aviez aimé, ils avaient aimé.

Futur Simple : J'aimerai, tu aimeras, il aimera ; nous aimerons, vous aimerez, ils aimeront.

Futur Antérieur : J'aurai aimé, tu auras aimé, il aura aimé ; nous aurons aimé, vous aurez aimé, ils auront aimé.

2° *Conditionnel*

Présent : J'aimerais, tu aimerais, il aimerait ; nous aimerions, vous aimeriez, ils aimeraient.
Passé I : J'aurais aimé, tu aurais aimé, il aurait aimé ; nous aurions aimé, vous auriez aimé, ils auraient aimé.
Passé II : J'eusse aimé, tu eusses aimé, il eût aimé ; nous eussions aimé, vous eussiez aimé, ils eussent aimé.

3° *Impératif*

Aime, aimons, aimez.

4° *Subjonctif*

Présent : Que j'aime, que tu aimes, qu'il aime ; que nous aimions, que vous aimiez, qu'ils aiment.
Imparfait : Que j'aimasse, que tu aimasses, qu'il aimât ; que nous aimassions, que vous aimassiez, qu'ils aimassent.
On évite, dans la conversation, les formes en *-assions, -assiez*, qui sont devenues un peu ridicules.
Passé : Que j'aie aimé, que tu aies aimé, qu'il ait aimé ; que nous ayons aimé, que vous ayez aimé, qu'ils aient aimé.
Plus-que-Parfait : Que j'eusse aimé, que tu eusses aimé, qu'il eût aimé ; que nous eussions aimé, que vous eussiez aimé, qu'ils eussent aimé.

5° *Infinitif*

Présent : Aimer.
Passé : Avoir aimé.

6° Participe

PRÉSENT : Aimant.
PASSÉ : Aimé (ou aimée), ayant aimé.

REMARQUES ORTHOGRAPHIQUES

Quelques observations sont à faire sur ces verbes de la 1re conjugaison.

1. Dans les verbes dont l'infinitif se termine en *-ger*, comme *manger, partager*, on insère un *e* muet devant les voyelles *a, o* : *nous partageons, il mangea.* C'est pour éviter qu'on ne prononce *partagons* comme *dragons, manga* comme *gamelle.* Il serait plus sage d'écrire *manjer, partaja, manja*, etc. ; mais l'Académie ne s'y est pas décidée encore.

2. Les verbes terminés à l'infinitif par *-cer*, comme *menacer, placer*, prennent une cédille sous le *c* devant *a* et *o* : *il menaça, nous plaçons*, pour éviter qu'on ne prononce *menaka* et *plakons.*

3. Les verbes en *-er* où la syllabe finale est précédée d'un *é* fermé, comme *considÉrer, rÉgler*, changent cet *é* fermé en *è* ouvert devant une syllabe contenant un *e* muet : ainsi l'on dit *considÉrer*, mais *je considÈre*; *rÉgler*, mais *je rÈgle.*

4. Les verbes en *-er* où la syllabe finale est précédée d'un *e* muet, comme *lEver, mEner, sEmer*, changent cet *e* muet en *e* ouvert devant une syllabe contenant un *e* muet : ainsi l'on dit *je lÈve, je mÈne, je sÈme*, mais *nous levons, vous menez, nous semons.*

5. Les verbes terminés par *-eler* ou *-eter*, comme *appeler, cacheter*, redoublent les consonnes *l* et *t* devant un *e* muet : ainsi l'on écrit *j'appelle, je cachette*, mais *nous appelons, vous cachetez.*

Par un véritable défi au bon sens, on écrit pourtant *j'achète, je gèle, je pèle, je harcèle.* Faut-il écrire *je martelle* ou *je martèle, je modelle* ou *je modèle*? La seconde orthographe est plus usuelle. Il est évident que tout cela est absurde, qu'il faudrait en finir avec ces consonnes doubles qu'on ne prononce pas et écrire d'une manière uniforme : *j'apèle, je jète, je gèle*; mais ce n'est pas encore admis.

6. Les verbes qui ont le participe présent en *-iant* comme *prier, lier, nier, étudier*, prennent deux *i* à la première et à la seconde personne pluriel de l'imparfait de l'indicatif et du présent du subjonctif : *nous priions* (quand vous êtes entré) ; *que vous niiez* (ou non, nous le croirons) ; (je désire) *que vous étudiiez* (la grammaire). Ces deux *i* font un effet pitoyable et devraient être supprimés.

7. Les verbes qui ont le participe présent en *-yant*, comme *payer, appuyer*, prennent un *y* et un *i* à la première et à la seconde personne pluriel de l'imparfait de l'indicatif et du présent du subjonctif : *vous ployiez* (sous le faix quand je vous ai secouru) ; (il faut) *que nous payions* (nos dettes).

Devant un *e* muet, ces verbes changent l'*y* en *i* : *je ploie, ils essaient, tu paieras.*

8. Les verbes d'autres conjugaisons dont le participe présent est en *-iant* ou en *-yant*, comme *rire* (*riant*), *croire* (*croyant*), *voir* (*voyant*) prennent aussi *ii* et *yi* à la première et à la seconde personne du pluriel de l'imparfait de l'indicatif et du présent du subjonctif. Ainsi l'on écrit : *nous riions* (quand vous parliez) ; *nous croyions* (que vous étiez parti) ; (vous n'empêcherez pas) *que nous riions* (de vous et que nous) *croyions* (votre orthographe très déraisonnable).

9. Les verbes dont l'infinitif est en *-éer* prennent deux *ee* dans toute la conjugaison : *je crée, il créera, vous créeriez*; mais on supprime le second *e* devant les voyelles *a, o, i* : *je créai, nous*

créâmes, nous créons. Au participe passé féminin, on a le phénomène de trois *e* consécutifs : *cette proposition fut agréée.*

Deuxième conjugaison active

Infinitif en -ir
Verbe Finir

1° Indicatif

Présent : Je finis, tu finis, il finit ; nous finissons, vous finissez, ils finissent.
Imparfait : Je finissais, tu finissais, il finissait ; nous finissions, vous finissiez, ils finissaient.
Passé Défini : Je finis, tu finis, il finit ; nous finîmes, vous finîtes, ils finirent.
Passé Indéfini : J'ai fini, tu as fini, il a fini ; nous avons fini, vous avez fini, ils ont fini.
Passé Antérieur : J'eus fini, tu eus fini, il eut fini ; nous eûmes fini, vous eûtes fini, ils eurent fini.
Plus-que-Parfait : J'avais fini, tu avais fini, il avait fini ; nous avions fini, vous aviez fini, ils avaient fini.
Futur Simple : Je finirai, tu finiras, il finira ; nous finirons, vous finirez, ils finiront.
Futur Antérieur : J'aurai fini, tu auras fini, il aura fini ; nous aurons fini, vous aurez fini, ils auront fini.

2° Conditionnel

Présent : Je finirais, tu finirais, il finirait ; nous finirions, vous finiriez, ils finiraient.
Passé I : J'aurais fini, tu aurais fini, il aurait fini ; nous aurions fini, vous auriez fini, ils auraient fini.

PASSÉ II : J'eusse fini, tu eusses fini, il eût fini ; nous eussions fini, vous eussiez fini, ils eussent fini.

3° Impératif

Finis, finissons, finissez.

4° Subjonctif

PRÉSENT : Que je finisse, que tu finisses, qu'il finisse ; que nous finissions, que vous finissiez, qu'ils finissent.
IMPARFAIT : Que je finisse, que tu finisses, qu'il finit ; que nous finissions, que vous finissiez, qu'ils finissent.

Notez que l'imparfait diffère du présent à la 3e pers. du singulier seulement.

PASSÉ : Que j'aie fini, que tu aies fini, qu'il ait fini ; que nous ayons fini, que vous ayez fini, qu'ils aient fini.
PLUS-QUE-PARFAIT : Que j'eusse fini, que tu eusses fini, qu'il eût fini ; que nous eussions fini, que vous eussiez fini, qu'ils eussent fini.

5° Infinitif

PRÉSENT : Finir.
PASSÉ : Avoir fini.

6° Participe

PRÉSENT : Finissant.
PASSÉ : Fini (finie), ayant fini.

Voici quelques observations sur les verbes en *-ir*.

1. *Béni*, participe passé de *bénir*, a une forme secondaire *bénit, bénite*, qui signifie consacré (ou consacrée) par une cérémonie du culte : *du pain bénit, de l'eau bénite.*

2. Le verbe *haïr* prend deux points (un *tréma*) sur l'*i* (pour empêcher de prononcer *hair* comme *clair*), excepté aux trois personnes singulier du présent de l'indicatif et à l'impératif singulier :

> Si je la *haïssais*, je ne la craindrais pas...
> Je ne puis dire, hélas! si j'aime ou si je *hais*...
> *Hais*-moi si tu le peux; je ne sais point *haïr*...

3. Le verbe *fleurir*, employé au figuré, fait *florissait* à l'imparfait de l'indicatif et *florissant* au participe présent.

> Les roses *fleurissaient* sans culture dans le *florissant* empire de Perse, et les lettres y *florissaient* comme les roses.

Vers de Victor Hugo

Je ne veux pas, ma chère Sidonie, vous faire absorber d'un trait les quatre conjugaisons et celles des deux auxiliaires. Il faut avouer que c'est une potion un peu desséchante. Voulez-vous, pour vous désaltérer, quelques jolis vers? Je les extrais d'un des recueils que Victor Hugo publia dans sa vieillesse, *L'art d'être grand-père*, où il y a du bon, du médiocre et du très mauvais. Vous remarquerez l'allure sautillante et musicale de ces lignes de dix syllabes avec *césure* (p. 22) au milieu :

Choses du soir

Le brouillard est froid, la bruyère est grise;
Les troupeaux de bœufs vont aux abreuvoirs;

La lune, sortant des nuages noirs,
Semble une clarté qui vient par surprise.[1]

Un panache gris sort des cheminées;
Le bûcheron passe avec son fardeau;
On entend, parmi le bruit des cours d'eau.
Des frémissements de branches traînées.[2]

La faim fait rêver les grands loups moroses;[3]
La rivière court, le nuage fuit;
Derrière la vitre où la lampe luit,
Les petits enfants ont des têtes roses.

Il me semble, en copiant ce vers, apercevoir votre tête rose penchée sur ma lettre; je lui envoie un salut affectueux.

S. R.

1. Cela, c'est du meilleur Hugo. Comme il a bien observé l'apparition subite et presque sournoise de la lune!

2. Encore une admirable observation. Cet homme était tout yeux et tout oreilles.

3. Ce vers n'est là que pour rimer avec *roses.* Les mots et les vers qu'on n'écrit que pour rimer s'appellent des *chevilles*; il y en a dans Corneille et dans Molière comme dans les poètes modernes, et peut-être même davantage.

LES VERBES IRRÉGULIERS

CINQUIÈME LETTRE

Ma chère Sidonie,

Je vais achever ce que j'ai à vous dire des conjugaisons actives et je commencerai à vous entretenir des verbes irréguliers.

TROISIÈME CONJUGAISON ACTIVE

INFINITIF EN -OIR

Verbe Recevoir

1° Indicatif

PRÉSENT : Je reçois, tu reçois, il reçoit ; nous recevons, vous recevez, ils reçoivent.

IMPARFAIT : Je recevais, tu recevais, il recevait ; nous recevions, vous receviez, ils recevaient.

PASSÉ DÉFINI : Je reçus, tu reçus, il reçut ; nous reçûmes, vous reçûtes, ils reçurent.

PASSÉ INDÉFINI : J'ai reçu, tu as reçu, il a reçu ; nous avons reçu, vous avez reçu, ils ont reçu.

PASSÉ ANTÉRIEUR : J'eus reçu, tu eus reçu, il eut reçu ; nous eûmes reçu, vous eûtes reçu, ils eurent reçu.

PLUS-QUE-PARFAIT : J'avais reçu, tu avais reçu, il avait reçu ; nous avions reçu, vous aviez reçu, ils avaient reçu.

Futur Simple : Je recevrai, tu recevras, il recevra ; nous recevrons, vous recevrez, ils recevront.
Futur Antérieur : J'aurai reçu, tu auras reçu, il aura reçu ; nous aurons reçu, vous aurez reçu, ils auront reçu.

2° Conditionnel

Présent : Je recevrais, tu recevrais, il recevrait ; nous recevrions, vous recevriez, ils recevraient.
Passé I : J'aurais reçu, tu aurais reçu, il aurait reçu ; nous aurions reçu, vous auriez reçu, ils auraient reçu.
Passé II : J'eusse reçu, tu eusses reçu, il eût reçu ; nous eussions reçu, vous eussiez reçu, ils eussent reçu.

3° Impératif

Reçois, recevons, recevez.

4° Subjonctif

Présent : Que je reçoive, que tu reçoives, qu'il reçoive ; que nous recevions, que vous receviez, qu'ils reçoivent.
Imparfait : Que je reçusse, que tu reçusses, qu'il reçût ; que nous reçussions, que vous reçussiez, qu'ils reçussent.
Passé : Que j'aie reçu, que tu aies reçu, qu'il ait reçu ; que nous ayons reçu, que vous ayez reçu, qu'ils aient reçu.
Plus-que-Parfait : Que j'eusse reçu, que tu eusses reçu, qu'il eût reçu ; que nous eussions reçu, que vous eussiez reçu, qu'ils eussent reçu.

5° Infinitif

Présent : Recevoir.
Passé : Avoir reçu.

6° Participe

PRÉSENT : Recevant.
PASSÉ : Reçu, (reçue), ayant reçu.

Tous les verbes qui se conjuguent comme *recevoir* (*apercevoir, concevoir, devoir*) sont des verbes terminés en *-evoir*; les autres, comme *voir, savoir*, etc., sont irréguliers et nous occuperont la prochaine fois.

Au participe passé masculin du singulier de *devoir*, on écrit *dû* (et non *du*) avec un accent circonflexe.

QUATRIÈME CONJUGAISON ACTIVE

INFINITIF EN -RE
Verbe Rendre

1° Indicatif

PRÉSENT : Je rends, tu rends, il rend; nous rendons, vous rendez, ils rendent.
IMPARFAIT : Je rendais, tu rendais, il rendait; nous rendions, vous rendiez, ils rendaient.
PASSÉ DÉFINI : Je rendis, tu rendis, il rendit; nous rendîmes, vous rendîtes, ils rendirent.
PASSÉ INDÉFINI : J'ai rendu, tu as rendu, il a rendu; nous avons rendu, vous avez rendu, ils ont rendu.
PASSÉ ANTÉRIEUR : J'eus rendu, tu eus rendu, il eut rendu; nous eûmes rendu, vous eûtes rendu, ils eurent rendu.
PLUS-QUE-PARFAIT : J'avais rendu, tu avais rendu, il avait rendu; nous avions rendu, vous aviez rendu, ils avaient rendu.
FUTUR SIMPLE : Je rendrai, tu rendras, il rendra; nous rendrons, vous rendrez, ils rendront.

FUTUR ANTÉRIEUR : J'aurai rendu, tu auras rendu, il aura rendu ; nous aurons rendu, vous aurez rendu, ils auront rendu.

2° Conditionnel

PRÉSENT : Je rendrais, tu rendrais, il rendrait ; nous rendrions, vous rendriez, ils rendraient.
PASSÉ I : J'aurais rendu, tu aurais rendu, il aurait rendu ; nous aurions rendu, vous auriez rendu, ils auraient rendu.
PASSÉ II : J'eusse rendu, tu eusses rendu, il eût rendu ; nous eussions rendu, vous eussiez rendu, ils eussent rendu.

3° Impératif

Rends, rendons, rendez.

4° Subjonctif

PRÉSENT : Que je rende, que tu rendes, qu'il rende ; que nous rendions, que vous rendiez, qu'ils rendent.
IMPARFAIT : Que je rendisse, que tu rendisses, qu'il rendît ; que nous rendissions, que vous rendissiez, qu'ils rendissent.
PASSÉ : Que j'aie rendu, que tu aies rendu, qu'il ait rendu ; que nous ayons rendu, que vous ayez rendu, qu'ils aient rendu.
PLUS-QUE-PARFAIT : Que j'eusse rendu, que tu eusses rendu, qu'il eût rendu ; que nous eussions rendu, que vous eussiez rendu, qu'ils eussent rendu.

5° Infinitif

PRÉSENT : Rendre.
PASSÉ : Avoir rendu.

6° Participe

PRÉSENT : Rendant.
PASSÉ : Rendu (rendue), ayant rendu.

Ceux des verbes de cette classe dont l'infinitif est en *-indre* ou en *-soudre* remplacent, aux trois personnes du singulier du présent de l'indicatif, *ds* par *s* et *d* par *t*; ainsi l'on écrit *je joins, tu résous, il craint, il peint.* On écrit aussi : *il rompt, il luit, il paraît.*

CONJUGAISON INTERROGATIVE

Mes maîtres et modèles Chapsal et Noël[1], qui publièrent en 1823 une *Grammaire française* deux cents fois réimprimée et mille fois mise au pillage — mille et une, puisque je la pille à mon tour —, ces maîtres, dis-je, ont cru devoir conjuguer les verbes *interrogativement.* « Pour familiariser les élèves, écrivent-ils, avec la conjugaison des verbes, il est indispensable de les leur faire conjuguer interrogativement. » Ici je m'insurge. Je ne veux pas vous apprendre, Sidonie, à réciter « Finis-je ? Aimé-je ou haïs-je ? » parce que cela ne se dit guère ; je ne veux pas vous enseigner qu'on dit « Reçus-je ? » et qu'on ne dit pas « Rends-je ? » car ni l'un ni l'autre ne se disent. Mais on dit souvent « Suis-je ? » « dis-je ? » « dois-je ? » « vais-je ? » « vois-je ? » « irai-je ? ». Voici quelques exemples en vers :

> Où suis-je ? qu'ai-je fait ? que dois-je faire encore ?...[2]
> J'aime, que dis-je aimer ? j'idolâtre Junie...[3]
> Dussé-je, après dix ans, voir mon palais en cendre...[4]
> Puissé-je de mes yeux y voir tomber la foudre !...[5]

1. Je ne dis pas *Noël et Chapsal.* Chapsal était un jeune maître d'études, qui composa la grammaire ; Noël était un inspecteur de l'Université, qui la signa.
2. Racine, *Andromaque,* V. 1.
3. Racine, *Britannicus,* II. 2.
4. *Id. Andromaque,* I. 4.
5. Corneille, *Horace,* IV. 5.

Notez que dans ce dernier vers il n'y a pas interrogation, mais souhait, comme lorsqu'on dit, à l'impératif : *Taisez-vous!*

Le terme de « conjugaison interrogative » n'est pas exact, car le plus souvent, quand on place ainsi le pronom après le verbe, il n'y a ni interrogation ni exclamation, mais simplement inversion (voir page 116).

Oui, dis-je. — Non, dit-il. — Peut-être, direz-vous.

On ne place ainsi les pronoms après le verbe, séparés par un trait d'union, qu'à l'indicatif et au conditionnel. Personne ne songera à dire, au subjonctif, *que soyons-nous* au lieu de *que nous soyons*; mais on dira : *suis-je* ou *serais-je certain de votre amitié en cas de besoin?*

J'ajoute quelques remarques importantes :

1. Dans la conjugaison interrogative, on insère un *t* dit *euphonique* (« qui sonne bien », du grec *eu*, bien, et *phônê*, son) entre le verbe qui finit par une voyelle et le pronom qui commence de même : *aime-t-il? aima-t-elle? dira-t-on?*

2. L'*e* muet qui termine le verbe devient un *é* fermé devant *je* : *eussé-je? dussé-je?*

3. Le trait d'union s'écrit entre le verbe et le sujet quand le verbe est à un temps simple : *allait-il?* Mais si le verbe est à un temps composé, le trait d'union se met entre l'auxiliaire et le sujet : *avait-il craint?*

Formation des Temps

On distingue les *temps primitifs* et les *temps dérivés.* Les premiers, qui servent à former les autres, sont le présent de l'infinitif, le participe présent, le participe passé, le présent de l'indicatif et le passé défini :

Savoir : *aimer, aimant, aimé, j'aime, j'aimai.*

Pour vous rendre sensible la formation des temps dérivés, je la mets en tableau.

1.	AIMER	FINIR	RECEVOIR	RENDRE
FUT.	Aimer-ai	Finir-ai	Recev-rai	Rendr-ai
CONDIT.	Aimer-ais	Finir-ais	Recev-rais	Rendr-ais
2.	AIMANT	FINISSANT	RECEVANT	RENDANT
IND.	Aim-ons	Finiss-ons	Recev-ons	Rend-ons
	Aim-ez	Finiss-ez	Recev-ez	Rend-ez
	Aim-ent	Finiss-ent	Reç(oivent)	Rend-ent

(*Vous voyez que la 3e pers. plur. de la 3e conj. fait exception.*)

IMPARF.	Aim-ais	Finiss-ais	Recev-ais	Rend-ais
SUBJ. PRÉS.	Aim-e	Finiss-e	Reç(oive)	Rend-e

(*Vous voyez que la 3e conj. fait encore exception.*)

3.	AIME	FINI	REÇU	RENDU

Tous les temps composés avec *avoir* et *être* sont formés de ce participe.

4.	(J')AIME	(Je) FINIS	(Je) REÇOIS	(Je) RENDS

Supprimez le pronom et vous avez l'*impératif.*

5.	AIMAI	FINIS	REÇUS	RENDIS
IMP. SUBJ.	Aim-asse	Finis-se	Reçus-se	Rendis-se.

(*Vous voyez que la 1re conjugaison se distingue des autres par le changement de* ai *en* asse ; *ailleurs il suffit d'ajouter* -se.)

Passons maintenant aux

Verbes irréguliers

Il y a deux sortes de verbes irréguliers : 1°. Ceux qui manquent de certains modes, de certains temps, de certaines formes ; ils sont dits *défectifs*; 2°. Ceux qui offrent des irrégularités diverses, quoique se conjuguant d'un bout à l'autre. Certains verbes sont à la fois défectifs et irréguliers.

Les verbes irréguliers français sont très difficiles à connaître autrement que par l'usage ; il faut admirer les étrangers qui arrivent à s'en rendre maîtres à l'aide d'une grammaire. Je vais essayer de simplifier le plus possible et de ne vous dire que l'essentiel.

Première conjugaison

1. Le verbe ALLER est d'une extrême irrégularité, parce qu'il offre des formes empruntées à trois verbes latins différents, *vadere*, *ire* et *ambulare*, qui signifient tous les trois *aller*.

Ind. Prés. : Je vais, tu vas, il va ; nous allons, vous allez, ils vont.
Imparf. : J'allais, etc. (cet *etc.*, indique qu'il n'y a pas d'irrégularité).
Passé Défini : J'allai, etc.
Passé Indéfini : Je suis allé, etc.
Futur : J'irai, etc.
Cond. Prés. : J'irais, etc.
Impératif : Va, allons, allez.
Subj. Prés. : Que j'aille, etc. ; que nous allions, que vous alliez, qu'ils aillent.
Imp. Subj. : Que j'allasse, etc.
Participes : Allant, allé (allée).

Quand l'impératif *va* est suivi d'*en* ou d'*y*, on ajoute un *s* pour éviter l'hiatus : *vas-y*, *vas en prendre*. On dit de même *travailles-y*, *donnes-en*, quand la seconde personne de l'impératif se termine par un *e muet*.

2. ENVOYER est irrégulier au futur et au conditionnel; l'alternance de l'*i* et de l'*y* crée aussi des difficultés d'orthographe.

IND. PRÉS. : J'envoie, tu envoies, il envoie; nous envoyons, vous envoyez, ils envoient.
IMPARF. : J'envoyais, etc.; nous envoyions, vous envoyiez, ils envoyaient.
PASSÉ DÉFINI : J'envoyai, etc.
FUTUR : J'enverrai, tu enverras, etc.
COND. PRÉS. : J'enverrais, tu enverrais, etc.
IMPÉRATIF : Envoie, envoyons, envoyez.
SUBJ. PRÉS. : Que j'envoie, etc.; que nous envoyions, que vous envoyiez, qu'ils envoient.
IMP. SUBJ. : Que j'envoyasse, etc.
PARTICIPES : Envoyant, envoyé (envoyée).

DEUXIÈME CONJUGAISON

Au type régulier *fin-ir*, imparfait *fin-iss-ais*, s'oppose le type irrégulier *ment-ir*, imparfait *ment-ais* (sans l'insertion de *-iss*). Voici ceux de ces verbes qu'on rencontre le plus souvent; j'omets l'indication des temps, dont l'ordre vous est maintenant familier, et je donne ensemble le futur simple et le conditionnel présent, *qui se ressemblent toujours*.

3. ACQUÉRIR. — J'acquiers… nous acquérons, vous acquérez, ils acquièrent. — J'acquérais. — J'acquis. — J'ac-

querrai, j'acquerrais. — Acquiers, acquérons, acquérez. — Que j'acquière… que nous acquérions… qu'ils acquièrent. — Que j'acquisse, etc. — Acquérant, acquis (acquise).

4. ASSAILLIR. — J'assaille... nous assaillons. — J'assaillais. — J'assaillis. — J'assaillirai, j'assaillirais. — Assaille, assaillons, assaillez. — Que j'assaille. — Que j'assaillisse. — Assaillant, assailli (assaillie).

5. BOUILLIR (ce verbe est défectif). — Je bous, il bout (mon sang bout). — Je bouillais. — Je bouillis. — Je bouillirai, je bouillirais. — Bous, bouillons, bouillez. — Que je bouille. — Que je bouillisse. — Bouillant, bouilli (bouillie).

6. COURIR. — Je cours, tu cours, il court ; nous courons, vous courez, ils courent. — Je courais, etc. — Je courus, etc. — Je courrai... nous courrons ; je courrais... nous courrions. — Cours, courons, courez. — Que je coure... que nous courions... qu'ils courent. — Que je courusse. — Courant, couru (courue).

Un ancien infinitif de ce verbe, *courre*, se retrouve dans l'expression *chasse à courre.*

7. CUEILLIR. — Je cueille... nous cueillons, vous cueillez, ils cueillent. — Je cueillais. — Je cueillis. — Je cueillerai, je cueillerais. — Cueille, cueillons, cueillez. — Que je cueille. — Que je cueillisse. — Cueillant, cueilli (cueillie).

8. DORMIR. — Je dors, tu dors, il dort ; nous dormons, vous dormez, ils dorment. — Je dormais. — Je dormis... nous dormîmes. — Je dormirai, je dormirais. — Dors, dormons, dormez. — Que je dorme. — Que je dormisse. — Dormant, dormi.

9. FUIR. — Je fuis, tu fuis, il fuit ; nous fuyons, vous fuyez, ils fuient. — Je fuyais... nous fuyions. — Je fuis... nous

fuîmes. — Je fuirai, je fuirais. — Fuis, fuyons, fuyez. — Que je fuie... que nous fuyions, qu'ils fuient. — Que je fuisse. — Fuyant, fui (fuie) [1].

10. GÉSIR (ce verbe est défectif). — On n'emploie que les formes suivantes (l'infinitif est inusité) : il gît (surtout dans l'expression *ci-gît* signifiant « ici est enterré » (un tel), nous gisons, vous gisez. — Il gisait. — Gisant.

11. MENTIR. — Je mens... nous mentons. — Je mentais. — Je mentis. — Je mentirai, je mentirais. — Mens, mentons, mentez. — Que je mente. — Que je mentisse. — Mentant, menti (mentie) [2].

12. MOURIR. — Je meurs, tu meurs ; il meurt ; nous mourons, vous mourez, ils meurent. — Je mourais. — Je mourus. — Je mourrai, je mourrais. — Meurs, mourons, mourez. — Que je meure. — Que je mourusse. — Mourant, mort (morte).

13. OFFRIR. — J'offre... nous offrons. — J'offrais. — J'offris. — J'offrirai, j'offrirais. — Offre, offrons, offrez. — Que j'offre. — Que j'offrisse. — Offrant, offert (offerte).

14. OUÏR (entendre). — Usité surtout à l'infinitif présent et au participe passé : *ouï* (*ouïe*). On dit quelquefois *oyez* pour *entendez*, mais cet impératif a vieilli.

15. OUVRIR. — J'ouvre... nous ouvrons. — J'ouvrais. — J'ouvris. — J'ouvrirai, j'ouvrirais. — Ouvre, ouvrons, ouvrez. — Que j'ouvre. — Que j'ouvrisse. — Ouvrant, ouvert (ouverte).

1. Il a *fui*, elle s'est *enfuie*.
2. Il a *menti* ; elle ne s'est jamais *démentie*.

16. PARTIR. — Je pars... nous partons. — Je partais. — Je partis. — Je partirai, je partirais. — Pars, partons, partez. — Que je parte. — Que je partisse. — Partant, parti (partie).

17. SENTIR. — Je sens... nous sentons. — Je sentais. — Je sentis. — Je sentirai, je sentirais. — Sens, sentons, sentez. — Que je sente. — Que je sentisse. — Sentant, senti (sentie).

18. SERVIR. — Je sers... nous servons. — Je servais. — Je servis. — Je servirai, je servirais. — Sers, servons, servez. — Que je serve. — Que je servisse. — Servant, servi (servie).

19. SORTIR. — Je sors... nous sortons. — Je sortais. — Je sortis. — Je sortirai, je sortirais. — Sors, sortons, sortez. — Que je sorte. — Que je sortisse. — Sortant, sorti (sortie).

RESSORTIR, dans le sens de « sortir de nouveau », se conjugue comme *sortir*; mais dans le sens de « dépendant de », il fait à l'imparfait *ressortissais*, au part. prés. *ressortissant*; il en est de même d'*assortir* qui fait *assortissais, assortissant.*

20. SOUFFRIR. — Je souffre... nous souffrons. — Je souffrais. — Je souffris. — Je souffrirai, je souffrirais. — Souffre, souffrons, souffrez. — Que je souffre. — Que je souffrisse. — Souffrant, souffert (soufferte).

21. TENIR. — Je tiens, tu tiens, il tient; nous tenons, vous tenez, ils tiennent. — Je tenais. — Je tins, tu tins, il tint; nous tinmes, vous tîntes, ils tinrent. — Je tiendrai, je tiendrais. — Tiens, tenons, tenez. — Que je tienne. — Que je tinsse. — Tenant, tenu (tenue).

22. TRESSAILLIR. — Je tressaille... nous tressaillons, ils tressaillent. — Je tressaillais. — Je tressaillis. — Je tressaillirai,

je tressaillirais. — Tressaille, tressaillons, tressaillez. — Que je tressaille. — Que je tressaillisse. — Tressaillant, tressailli.

23. VENIR. — Je viens, tu viens, il vient ; nous venons, vous venez, ils viennent. — Je venais. — Je vins... nous vînmes, vous vîntes, ils vinrent. — Je viendrai, je viendrais. — Viens, venons, venez. — Que je vienne. — Que je vinsse. — Venant, venu (venue).

24. VÊTIR. — Je vêts, tu vêts, il vêt ; nous vêtons, vous vêtez, ils vêtent. — Je vêtais. — Je vêtis. — Je vêtirai, je vêtirais. — Vêts, vêtons, vêtez. — Que je vête. — Que je vêtisse. — Vêtant, vêtu (vêtue).

Lamartine a écrit *vêtissait et revêtissait*, conjuguant ainsi *vêtir* sur *finir*. Cet exemple mérite d'être suivi.

Vers mnémoniques

Avant de passer aux verbes irréguliers des deux dernières conjugaisons, je veux écrire pour vous une série d'alexandrins isolés où se rencontrent, du moins en partie, les formes irrégulières énumérées plus haut. Sachez les réciter quand on vous en dira le début, mais ne cherchez pas à les retenir dans l'ordre. La mesure des vers doit contribuer à les graver dans votre mémoire.

1. Je vais où vous allez ; ils iront nous rejoindre...
2. Vous renverrez les dons qu'un traître vous envoie...
3. Nous conquerrons les droits que requiert la raison...
4. Assaillons les remparts qu'assaillaient nos ancêtres...
5. Tu me dis : « Mon sang bout ! » Eh ! qu'importe qu'il bouille ?...
6. Si je cours à la mort, je courrai vers la gloire...
7. Je cueille en la pleurant les fleurs qu'elle cueillait...
8. Il dort en nous parlant ; nous dormons à l'entendre...
9. Ami, fuyons les lieux d'où les grâces s'enfuient...

10. Ci-gît Arthur, encor redoutable gisant...
11. Je mentais pour lui plaire ; ah ! que je mente encore !...
12. Si je meurs, je mourrai pour qu'il ne meure pas...
13. Ce que j'offre aujourd'hui, je vous l'offrais hier...
14. Sans crainte d'être ouïs, nous causerons ensemble...
15. J'ouvre les bras à ceux qui m'ont ouvert leur cœur...
16. Je pars inconsolé, puisqu'il faut que je parte...
17. Je sentais son courroux et je le sens toujours...
18. Le maître que je sers autrefois me servait...
19. Ordonnez que je sorte et je sors de ces lieux...
20. Je souffre tous les maux que mon fils a soufferts...
21. Tiens, reçois ce poignard ; tu tiendras ta parole !...
22. Je tressaille aujourd'hui ; vous tressailliez hier...
23. Viens, si tu ne veux pas qu'on vienne nous surprendre...
24. Je revêts les atours qui vêtaient son enfance...

Essayez, ma chère Sidonie, de cette méthode nouvelle ; la difficulté de nos verbes irréguliers mérite qu'on se tourmente un peu pour la vaincre.

Adieu !

S. R.

LES VERBES IRRÉGULIERS (SUITE)

Sixième lettre

Reprenons, ma chère Sidonie, le collier des verbes irréguliers. Nous en étions au vingt-quatrième ; j'en compte soixante-quatorze.

Troisième conjugaison

25. ASSEOIR. — J'assieds, tu assieds, il assied ; nous asseyons, vous asseyez, ils asseyent. *On dit aussi* : J'asseois... nous assoyons, vous assoyez, ils assoient. — J'asseyais *ou* j'assoyais. — J'assis. — J'assiérai *ou* j'asseyerai, *ou* j'assoirai ; j'assiérais, *ou* j'asseyerais, *ou* j'assoirais. — Assieds, asseyons, asseyez. — Que j'asseye... que nous asseyions, qu'ils asseyent. — Que j'assisse. — Asseyant, assis (assise).

26. CHOIR (tomber) s'emploie à l'infinitif et au participe du verbe DÉCHOIR. De même ÉCHOIR n'est guère usité qu'au participe passé « échu » (*les loyers échus*) et au participe présent « échéant », surtout dans l'expression : *le cas échéant.*

27. FALLOIR. — Verbe unipersonnel : il faut ; il fallait ; il fallut ; il faudra, il faudrait ; qu'il faille ; qu'il fallût ; fallu.

28. MOUVOIR. — Je meus, tu meus, il meut ; nous mouvons, vous mouvez, ils meuvent. — Je mouvais. — Je mus. — Je mouvrai, je mouvrais. — Meus, mouvons, mouvez. — Que je meuve. — Que je musse. — Mouvant, mu (mue).

29. ÉMOUVOIR. — J'émeus, tu émeus, il émeut ; nous émouvons, vous émouvez, ils émeuvent. — J'émouvais. — J'émus. — J'émouvrai, j'émouvrais. — Émeus, émouvons, émouvez. — Que j'émeuve. — Que j'émusse. — Émouvant, ému (émue).

30. PLEUVOIR. — Verbe unipersonnel : il pleut ; il pleuvait ; il plut ; il pleuvra, il pleuvrait ; qu'il pleuve ; qu'il plût ; pleuvant ; plu.

31. POUVOIR. — Je peux *ou* je puis, tu peux, il peut ; nous pouvons, vous pouvez, ils peuvent. — Je pouvais. — Je pus. — Je pourrai, je pourrais. — *Pas d'impératif.* — Que je puisse. — Que je pusse. — Pouvant, pu.

32. SAVOIR. — Je sais, tu sais, il sait ; nous savons, vous savez, ils savent. — Je savais. — Je sus. — Je saurai, je saurais. — Sache, sachons, sachez. — Que je sache. — Que je susse. — Sachant, su (sue).

33. SEOIR. — On n'emploie plus que « sis » (sise), dans le sens de « situé » : *une maison sise à Paris.* Dans le sens de « il convient », on dit « il sied, il siéra, seyant » (*une robe seyante*). SURSEOIR ne s'emploie qu'à l'infinitif et au participe *sursis.* Voyez plus haut (N° 25) ASSEOIR.

34. VALOIR. — Je vaux, tu vaux, il vaut ; nous valons, vous valez, ils valent. — Je valais. — Je valus. — Je vaudrai, je vaudrais. — Vaux, valons, valez. — Que je vaille. — Que je valusse. — Valant, valu (value).

35. VOIR. — Je vois, tu vois, il voit; nous voyons, vous voyez, ils voient. — Je voyais. — Je vis. — Je verrai, je verrais. — Vois, voyons, voyez. — Que je voie. — Que je visse. — Voyant, vu (vue).

36. VOULOIR. — Je veux, tu veux, il veut; nous voulons, vous voulez, ils veulent. — Je voulais. — Je voulus. — Je voudrai, je voudrais. — Veux, voulons, voulez, *ou* veuille, veuillons, veuillez. — Que je veuille. — Que je voulusse. — Voulant, voulu (voulue).

Vers mnémoniques

Voici des alexandrins pour vous rappeler les formes irrégulières :

25. Si vous vous asseyez, je m'assiérai moi-même...
26. L'Empire est près de choir; sa puissance est déchue...
27. Il faudra la quitter, puisqu'il faut obéir....
28. J'ai mu tous les ressorts qu'il mouvrait à ma place...
29. J'émouvrai tous les cœurs que la souffrance émeut....
30. Pleut-il? Non, il pleuvra. — Peu m'importe qu'il pleuve!...
31. Si je puis l'attendrir, je pourrai l'épargner....
32. Sache que je sais tout; je saurai me défendre....
33. Faut-il se décider, ou sied-il de surseoir?...
34. Je vaux autant que lui; nous valons peu de chose....
35. Vous voyez ma misère et je verrai la vôtre....
36. On peut ce que l'on veut; veuillons donc le sauver....

Quatrième conjugaison

37. ABSOUDRE. — J'absous, tu absous, il absout; nous absolvons, vous absolvez, ils absolvent. — J'absolvais. — *Pas de passé défini.* — J'absoudrai, j'absoudrais. — Absous, absol-

vons, absolvez. — Que j'absolve. — *Pas d'imp. du sub.* — Absolvant. — Absous (absoute).

38. BOIRE. — Je bois, tu bois, il boit; nous buvons, vous buvez, ils boivent. — Je buvais. — Je bus. — Je boirai, je boirais. — Bois, buvons, buvez. — Que je boive... que nous buvions, que vous buviez, qu'ils boivent. — Que je busse. — Buvant, bu (bue) [1].

39. BRAIRE. — Ne s'emploie qu'à l'infinitif et aux troisièmes personnes de l'indicatif : braire, il brait, il brayait, il braira.

40. BRUIRE. — Ne s'emploie qu'à l'infinitif et aux troisièmes personnes de l'imparfait : bruire, il bruissait, ils bruissaient. « Bruyant » s'emploie comme adjectif verbal : *de bruyantes acclamations.*

41. CLORE. — Ne s'emploie guère qu'à l'infinitif « clore » et au participe « clos », notamment dans l'expression *à huis clos*, c'est-à-dire en chambre fermée, en secret. Une séance non publique a lieu *à huis clos.*

42. CONCLURE. — Je conclus, tu conclus, il conclut; nous concluons, vous concluez, ils concluent. — Je concluais. — Je conclus, nous conclûmes. — Je conclurai, je conclurais. — Conclus, concluons, concluez. — Que je conclue. — Que je conclusse. — Concluant, conclu (conclue).

« Inclus » fait « incluse » au féminin ; mais « exclus » fait « exclue. »

1. *Il a toute honte bue* signifie « il est sans scrupules », « il ne sait plus même rougir ».

43. CONDUIRE. — Je conduis... nous conduisons... ils conduisent. — Je conduisais. — Je conduisis. — Je conduirai, je conduirais. — Conduis, conduisons, conduisez. — Que je conduise. — Que je conduisisse. — Conduisant, conduit (conduite).

44. CONFIRE. — Je confis... nous confisons. — Il confisait. — Je confis... nous confîmes. — Je confirai, je confirais. — Confis, confisons, confisez. — Que je confise. — *Pas d'imp. du subj.* — Confisant, confit (confite).

Confit en dévotion signifie « dévot », mais en mauvaise part.

45. CONNAÎTRE. — Je connais, tu connais, il connaît ; nous connaissons, vous connaissez, ils connaissent. — Je connaissais. — Je connus... nous connûmes. — Je connaîtrai, je connaîtrais. — Connais, connaissons, connaissez. — Que je connaisse. — Que je connusse. — Connaissant, connu (connue).

46. COUDRE. — Je couds, tu couds, il coud ; nous cousons, vous cousez, ils cousent. — Je cousais. — Je cousis. — Je coudrai, je coudrais. — Couds, cousons, cousez. — Que je couse. — Que je cousisse. — Cousant, cousu (cousue).

47. CRAINDRE. — Je crains, tu crains, il craint ; nous craignons, vous craignez, ils craignent. — Je craignais. — Je craignis. — Je craindrai, je craindrais. — Crains, craignons, craignez. — Que je craigne. — Que je craignisse. — Craignant, craint (crainte).

48. CROIRE. — Je crois, tu crois, il croit ; nous croyons, vous croyez, ils croient. — Je croyais. — Je crus... nous crûmes. — Je croirai, je croirais. — Crois, croyons, croyez. — Que je croie. — Que je crusse. — Croyant, cru (crue).

49. CROÎTRE. — Je crois, tu crois, il croît (*notez l'accent*) ; nous croissons, vous croissez, ils croissent. — Je croissais. — Je crûs... nous crûmes. — Je croîtrai, je croîtrais. — Crois, croissons, croissez. — Que je croisse. — Que je crusse. — Croissant, crû (crûe).

50. DIRE. — Je dis, tu dis, il dit ; nous disons, vous dites, ils disent. — Je disais. — Je dis... nous dîmes. — Je dirai, je dirais. — Dis, disons, dites. — Que je dise. — Que je disse. — Disant, dit (dite).

On dit *vous redites*, mais *vous contredisez, vous médisez*, etc. Bien que *maudire* vienne de *dire* (latin *male-dicere*, « mal dire »), ce verbe prend un *s* double ; *nous maudissons, je maudissais.*

51. ÉCLORE. — Ne s'emploie qu'aux 3e pers. du prés. de l'indic., du futur et du conditionnel : il éclot, il éclora, ils écloraient — ainsi qu'au participe : éclos (éclose).

52. ÉCRIRE. — J'écris... nous écrivons, vous écrivez, ils écrivent. — J'écrivais. — J'écrivis. — J'écrirai, j'écrirais. — Écris, écrivons, écrivez. — Que j'écrive. — Que j'écrivisse. — Écrivant, écrit (écrite).

53. FAIRE. — Je fais, tu fais, il fait ; nous faisons, vous faites, ils font. — Je faisais. — Je fis. — Je ferai, je ferais. — Fais, faisons, faites. — Que je fasse. — Que je fisse. — Faisant, fait (faite).

Chemin faisant signifie « en suivant mon chemin » : *Je l'ai rencontré chemin faisant.*

54. FRIRE. — On dit : Je fris, je frirai, je frirais, frit (frite).

55. JOINDRE. — Je joins, tu joins, il joint ; nous joignons, vous joignez, ils joignent. — Je joignais. — Je joignis.

— Je joindrai, je joindrais. — Joins, joignons, joignez. — Que je joigne. — Que je joignisse. — Joignant, joint (jointe).

56. LIRE. — Je lis, tu lis, il lit ; nous lisons, vous lisez, ils lisent. — Je lisais. — Je lus. — Je lirai, je lirais. — Lis, lisons, lisez. — Que je lise. — Que je lusse. — Lisant, lu (lue).

57. LUIRE. — Je luis, tu luis, il luit ; nous luisons, vous luisez, ils luisent. — Je luisais. — Je luirai, je luirais. — Luis, luisons, luisez. — Que je luise. — *Pas d'imp. du subj.* — Luisant, lui.

« Reluire » est plus usité que « luire ».

58. METTRE. — Je mets... nous mettons. — Je mettais. — Je mis. — Je mettrai, je mettrais. — Mets, mettons, mettez. — Que je mette. — Que je misse. — Mettant, mis (mise).

Une personne *mal mise* est une personne mal habillée.

59. MOUDRE. — Je mouds, tu mouds, il moud ; nous moulons, vous moulez, ils moulent. — Je moulais. — Je moulus. — Je moudrai, je moudrais. — Mouds, moulons, moulez. — Que je moule. — Que je moulusse. — Moulant, moulu (moulue).

60. NAÎTRE. — Je nais, tu nais, il naît ; nous naissons, vous naissez, ils naissent. — Je naissais. — Je naquis. — Je naîtrai, je naîtrais. — Que je naisse. — Que je naquisse. — Naissant, né (née).

61. NUIRE. — Je nuis, tu nuis, il nuit ; nous nuisons, vous nuisez, ils nuisent. — Je nuisais. — Je nuisis. — Je nuirai, je nuirais. — Nuis, nuisons, nuisez. — Que je nuise. — Que je nuisisse. — Nuisant, nui.

62. PAÎTRE. — Je pais, tu pais, il paît ; nous paissons, vous paissez, ils paissent. — Je paissais. — *Pas de passé défini.*

— Je paîtrai, je paîtrais. — Pais, paissons, paissez. — Que je paisse. — *Pas d'imp. du subj.* — Paissant. *Pas de participe passé.*

Le composé « repaître » fait « Je (me) repus » et « repu ».

63. PARAÎTRE. — Je parais, tu parais, il paraît ; nous paraissons, vous paraissez, ils paraissent. — Je paraissais. — Je parus. — Je paraîtrai, je paraîtrais. — Parais, paraissons, paraissez. — Que je paraisse. — Que je parusse. — Paraissant, paru (parue).

64. PEINDRE. — Je peins, tu peins, il peint ; nous peignons, vous peignez, ils peignent. — Je peignais. — Je peignis. — Je peindrai, je peindrais. — Peins, peignons, peignez. — Que je peigne. — Que je peignisse. — Peignant, peint (peinte).

65. PLAINDRE. — Je plains, tu plains, il plaint ; nous plaignons, vous plaignez, ils plaignent. — Je plaignais. — Je plaignis. — Je plaindrai, je plaindrais. — Plains, plaignons, plaignez. — Que je plaigne. — Que je plaignisse. — Plaignant, plaint (plainte).

66. PLAIRE. — Je plais, tu plais, il plaît ; nous plaisons, vous plaisez, ils plaisent. — Je plaisais. — Je plus. — Je plairai, je plairais. — Plais, plaisons, plaisez. — Que je plaise. — Que je plusse. — Plaisant, plu (plue).

67. PRENDRE. — Je prends, tu prends, il prend ; nous prenons, vous prenez, ils prennent. — Je prenais. — Je pris. — Je prendrai, je prendrais. — Prends, prenons, prenez. — Que je prenne. — Que je prisse. — Prenant, pris (prise).

68. RÉSOUDRE. — Je résous, tu résous, il résout ; nous résolvons, vous résolvez, ils résolvent. — Je résolvais. — Je résolus. — Je résoudrai, je résoudrais. — Résous, résolvons, résol-

vez. — Que je résolve. — Que je résolusse. — Résolvant, résolu *ou* résous (résolue *ou* résoute).

69. RIRE. — Je ris, tu ris, il rit; nous rions, vous riez, ils rient. — Je riais... nous riions. — Je ris... nous rîmes. — Je rirai, je rirais. — Ris, rions, riez. — Que je rie... que nous riions. — *Pas d'imp. du subj.* — Riant, ri.

70. SUIVRE. — Je suis, tu suis, il suit; nous suivons, vous suivez, ils suivent. — Je suivais. Je suivis. — Je suivrai, je suivrais. — Suis, suivons, suivez. — Que je suive. — Que je suivisse. — Suivant, suivi (suivie).

71. TAIRE. — Je tais, tu tais, il tait; nous taisons, vous taisez, ils taisent. — Je taisais. — Je tus. — Je tairai, je tairais. — Tais, taisons, taisez. — Que je taise. — Que je tusse. — Taisant, tu (tue).

72. TRAIRE. — Je trais, tu trais, il trait; nous trayons, vous trayez, ils traient. — Je trayais. — *Pas de passé défini.* — Je trairai, je trairais. — Trais, trayons, trayez. — Que je traie. — *Pas d'imp. du subj.* — Trayant, trait (traite).

73. VAINCRE. — Je vaincs, tu vaincs, il vainc; nous vainquons, vous vainquez, ils vainquent. — Je vainquais. — Je vainquis. — Je vaincrai, je vaincrais. — Vaincs, vainquons, vainquez. — Que je vainque. — Que je vainquisse. — Vainquant, vaincu (vaincue).

74. VIVRE. — Je vis, tu vis, il vit; nous vivons, vous vivez, ils vivent. — Je vivais. — Je vécus. — Je vivrai, je vivrais. — Vis, vivons, vivez. — Que je vive. — Que je vécusse. — Vivant, vécu (vécue).

Vers mnémoniques

La série d'alexandrins que voici résume ce qui précède et l'abrège; pardonnez-moi s'ils ne sont pas tous bien choisis et cherchez vous-même à en composer de meilleurs :

37. Absolvons les erreurs que les lois ont absoutes...
38. Je boirai, puisqu'il faut que nous buvions ensemble...
39, 40. Le ruisseau bruissait; l'âne brayait au loin...
41. Pourquoi donc venez-vous quand la séance est close?...
42. S'il conclut comme moi, je conclurai pour vous...
43. Conduisons cette intrigue ainsi qu'il l'a conduite...
44. Jadis on confisait les fruits avec du miel...
45. Tu connaîtras mon cœur; j'ai bien connu le tien...
46. J'ai cousu; tout se rompt; il faut que je recouse...
47. Vous craignez pour ses jours; je craindrai pour les vôtres...
48. Vous croyez sottement ce qu'ils veulent qu'on croie...
49. Dans le péril croissant croîtra notre courage...
50. Dites-moi donc pourquoi vous me contredisez...
50 (*bis*). Nous maudissons les fers qu'ont maudits nos aïeux...
51. Son teint ferait pâlir les fleurs à peine écloses...
52. Si je vous écrivais, m'écririez-vous aussi?...
53. Nous faisons ce qu'ils font et feront ce qu'ils firent...
54. Je fris la carpe afin que vous la mangiez frite...
55. Les mains jointes, joignons la prière à nos larmes...
56. Je lus et je lirai; que faut-il que je lise?...
57. Le soleil luit pour tous; vous luisez pour moi-seul...
58. Ne mettez pas d'orgueil à paraître bien mise...
59. Qui moud avec grand soin a du blé bien moulu...
60. Je naquis pour servir; il est né pour régner...
61. En nuisant au prochain on se nuit à soi-même...
62. Les moutons que tu pais m'ont l'air d'être repus...
63. Le soleil a paru; disparaissez, étoiles!...
64. Si je peignais vos traits, je peindrais vos bontés...
65. Plaignez-moi d'être plaint; mieux vaut qu'on nous envie...
66. Vous plûtes dès l'abord et vous plairez toujours...
67. J'ai pris le droit chemin; qu'ils prennent les traverses!...
68. Résolvons-nous à fuir; j'ai résolu de vivre...
69. Nous rions de leurs pleurs; ils riront bien des nôtres...
70. Je suivrai le chemin que vous avez suivi...
71. Je me tus; je tairai ce qu'il faut que je taise...

72. Vous trayez la brebis qui semble déjà traite...
73. Vainquons pour la sauver ; nous vaincrons avec joie...
74. Ils vivent pour manger ; j'ai vécu pour bien faire...

Conjugaison passive

Ouf ! ma chère Sidonie ! J'avais oublié, avant de vous écrire, qu'il y a tant de verbes irréguliers dans notre langue ! J'ai fait effort pour ne vous citer que des formes usuelles ; méfiez-vous toutefois des imparfaits du subjonctif (sauf à la 3e pers. du sing.) et évitez-les en parlant, pour ne point paraître pédante. Comme certaines gens que l'on rencontre à regret, on les connaît sans les rechercher.

Il n'y a qu'une conjugaison pour tous les verbes passifs : elle se compose de l'auxiliaire *être*, conjugué d'un bout à l'autre, et du participe passé du verbe que l'on veut conjuguer au passif. Bien entendu, ce participe passé s'accorde avec le sujet du verbe : *je suis aimé, elle est aimée, nous sommes aimés.*

	ACTIF	PASSIF
Exemples :	*J'aimerai*	*je serai aimé*
	nous aimâmes	*nous fûmes aimés*
	qu'il ait aimé	*qu'il ait été aimé*
	aimant	*étant aimé*
	aimé	*ayant été aimé*

Si vous saviez combien c'est plus difficile en latin et en grec, où il faut apprendre presque autant de formes différentes au passif qu'à l'actif ! Mais vous le saurez un jour.

Conjugaison des verbes neutres

Vous savez qu'on dit *je suis tombé, je suis venu*, mais non pas *j'ai tombé, j'ai venu.* Pourquoi ? C'est que *tomber* et *venir* sont des verbes neutres (on ne dit pas *tomber quelqu'un*, sauf en langage de lutteur professionnel, et l'on ne dit jamais *venir quelqu'un* ou *quelque chose*). Ainsi, rappelez-vous bien que certains verbes neutres forment ou *peuvent* former leurs temps composés avec l'auxiliaire *être*; mais il en est d'autres qui se conjuguent avec *avoir* : ainsi l'on dit *j'ai succédé, j'ai paru, j'aurais voyagé.* C'est là une des plus graves irrégularités de notre langue. J'y reviendrai (p. 136).

Conjugaison des verbes pronominaux

Les temps composés de ces verbes se conjuguent toujours avec l'auxiliaire *être*; ainsi l'on dit *je me suis trompé* (et non *je m'ai trompé*). À tous autres égards, ces verbes se conjuguent comme ceux de la conjugaison à laquelle ils appartiennent.

Pour retenir ce qui précède, rappelez-vous ces trois vers (verbes passifs, neutres, pronominaux) :

> J'aimais, seigneur, j'aimais, je voulais *être aimée...* [1]
> Je *suis venu* vous dire un éternel adieu...
> Il *a paru* fléchir ; je *m'étais abusée...*

Dans ma prochaine lettre, je vous parlerai des autres parties du discours (vous vous souvenez de la formule PAPCI, p. 30) et je vous citerai quelques-unes des bizarreries de notre orthographe ; après quoi nous nous occuperons de la syntaxe, où les bizarreries ne manquent pas non plus.

Portez-vous bien !

S. R.

1. Racine, *Bérénice*, v. 7.

PARTICIPE, CONJUGAISON ET AUTRES BIZARRERIES

Septième lettre

Ma chère Sidonie,

Quelques mots d'abord sur

Le participe

C'est un mot qui *participe* de deux autres, le verbe dont il dérive et l'adjectif; en effet, le participe admet des compléments directs et indirects comme le verbe, dont il a aussi la signification ; d'autre part, comme l'adjectif, il qualifie les mots. Exemple :

Dans *aimant l'étude*, le participe *aimant* a le même sens et la même fonction que le verbe *aimer*; il est d'ailleurs synonyme[1] d'un adjectif, puisqu'on dirait aussi bien *amoureux de l'étude.*

Vous avez vu qu'il y a deux sortes de participes : le participe *présent* et le participe *passé.*

1. *Synonyme* signifie « ayant le même sens »; c'est un mot d'origine grecque. Homonyme signifie « ayant le même son. » Ainsi sembler et paraître sont des synonymes; *chêne* (arbre) et *chaîne* (lien), *mule* (animal) et *mule* (chaussure) sont des homonymes.

1. Le participe présent se termine toujours en *-ant* et reste invariable : « Sidonie, *aimant l'étude*, n'est et ne sera jamais une jeune fille frivole. » À quelque époque de votre vie que je songe en écrivant cela, la qualité que je vous attribue sera *présente* : c'est pourquoi le participe est dit *présent*.

2. Joint au verbe *avoir*, et quelquefois au verbe *être* (p. 87), le participe passé exprime un temps passé : *j'ai aimé, je suis tombé*. Presque toujours, joint au verbe *être* ou employé seul, il marque une action subie : *je suis aimé, une fille chérie*.

Passons maintenant en revue les

Mots invariables

Adverbes

L'adverbe modifie le verbe ou un autre adverbe : *il parle éloquemment*; *il parle bien éloquemment*. On l'appelle *adverbe* parce qu'il se place d'ordinaire auprès du verbe. (« Auprès », en latin, se dit *ad*.)

Quelques adverbes se construisent avec des prépositions et prennent un complément : *antérieurement à votre naissance*; *conformément à la loi*.

On emploie parfois des adjectifs comme adverbes, auquel cas ils restent invariables : *ces hommes parlent haut*; *ils sont sortis soudain*.

Y est tantôt pronom personnel (dans le sens de *à lui, à eux, à cela*) et tantôt adverbe (dans le sens de *là*). Exemple des deux sens d'*y* :

J'*y* pense ! L'on m'attend à l'école : j'*y* cours !

On appelle *locutions adverbiales* des groupes de mots employés comme adverbes, par exemple : *à la fin, à la longue, au hasard, de nouveau, tout à coup.*

Prépositions

Ce sont des mots invariables qui, placés devant un mot, indiquent le rapport de ce mot avec un mot qui précède : *je vais* À *Rome*; *je viens* DE *Paris*; *je me tourne* VERS *le soleil*; *je nage* CONTRE *le courant.*

Les prépositions précèdent toujours les compléments indirects ; dans les exemples cités, *Rome, Paris, le soleil, le courant* sont les compléments indirects de *je vais, je viens, je me tourne, je nage.*

EN est tantôt pronom personnel et tantôt préposition ; *en*, préposition, a toujours un complément. Exemple des deux sens de *en* :

> Nous *en* parlons tout bas : je vous traite *en* ami.

Comme il y a des *locutions adverbiales*, il y a des *locutions prépositives*, par exemple : *à l'égard de, en faveur de, quant à, jusqu'à*, etc.

Conjonctions

Ce sont des mots invariables qui servent à lier ou à opposer des mots ou des membres de phrase; ils contribuent à la clarté, mais ne sont pas toujours nécessaires. Par exemple, lorsque Lamartine écrit : « Serrons-nous, nos rangs s'éclaircissent, » c'est comme s'il écrivait : « Serrons-nous, CAR nos rangs s'éclaircissent. » En poésie et dans le style vif, on s'abstient souvent d'employer les conjonctions *et, car, mais.*

Une conjonction peut être au commencement d'une phrase, comme dans ce vers de Voltaire :

> *Si* Dieu n'existait pas, il faudrait l'inventer.

Mais la preuve que *si* est encore ici un trait d'union entre deux phrases, c'est qu'on pourrait dire la même chose ainsi : « Il faudrait inventer Dieu, s'il n'existait pas. »

Les conjonctions les plus employées sont :

> *Et, si, mais, comme, car,* | *donc, quand, lorsque, pourtant.*
> *Néanmoins, quoique, enfin,* | *or, sinon, cependant.*

Des groupes de mots faisant l'office de conjonctions sont appelés *locutions conjonctives* : telles sont *par exemple, par conséquent, ainsi que, tandis que, à moins que.*

Interjections

Ce sont des mots invariables qui servent à exprimer des affections vives et subites. Dans sa brièveté, une interjection équivaut à toute une phrase ; ainsi *holà !* signifie : « Venez, je vous appelle ! » Les principales interjections sont : *Ah ! Oh ! Hélas ! Fi ! Chut ! Hé bien ! Eh bien !* Racine a fait un usage admirable du mot *hélas* à la fin de *Bérénice*, lorsque la reine prend congé de Titus qui ne peut pas l'épouser et d'Antiochus qui l'aime sans retour. Les imbéciles du temps de Racine lui ont reproché cela et ont parlé de ses « hélas de poche », ce dont le poète, très susceptible, a peut-être eu tort de se fâcher. Voici donc la fin de *Bérénice*, qui est un des chefs-d'œuvre non seulement de l'esprit, mais du cœur humain. La princesse s'adresse à Antiochus :

Sur Titus et sur moi réglez votre conduite :
Je l'aime, je le fuis ; Titus m'aime, il me quitte ;[1]
Portez loin de mes yeux vos soupirs et vos fers.[2]
Adieu. Servons tous trois d'exemple à l'univers
De l'amour la plus tendre et la plus malheureuse[3]
Dont il puisse garder l'histoire douloureuse.
Tout est prêt. On m'attend. Ne suivez point mes pas.

[*À Titus*

Pour la dernière fois, adieu, seigneur.

ANTIOCHUS

Hélas !

Je quitte à regret cette divine *Bérénice*, que je voudrais transcrire tout entière et vous expliquer vers par vers, pour revenir à la triste question de

L'ORTHOGRAPHE

Je vous ai dit que la nôtre est, en bonne partie, absurde, mais qu'il faut se résigner à l'apprendre quand même, puisqu'il est admis qu'une femme de nos jours, bourrant une lettre de fautes comme le faisait Mme de Sévigné, serait classée au nombre des ignorantes. Du reste, quand on a beaucoup lu, les mots, avec leur orthographe usuelle, se fixent dans l'esprit comme l'image sur la plaque photographique : un petit effort suffit pour les y faire *voir* sous leur forme correcte et si, par

1. Voyez comme le style gagne ici à la suppression des conjonctions. Il serait prosaïque de dire : « Je l'aime, mais je le fuis ; Titus m'aime, mais il me quitte. »
2. Dans le langage tendre du XVIIe siècle, cela signifie les liens de l'amour, les chaînes du cœur.
3. Voir p. 103 (*amour* du féminin).

hasard, on les écrit de travers, c'est au prix d'un léger malaise qui nous avertit et nous engage à ouvrir le dictionnaire.

Bizarrerie orthographique

Je vais me contenter de quelques indications générales.

1. Une foule de mots se terminent par des lettres qu'on ne prononce pas, mais qui sont indiquées par les mots dérivés où elles se prononcent. Ainsi vous écrirez *galop* parce que vous penserez à *galoper*; *drap*, parce que vous penserez à *draperie*; *sot*, parce que vous penserez à *sottise*, etc.

Ce procédé n'est pas applicable dans le cas de mots qui n'ont pas de dérivés, comme *vieillard, frimas, repas, rempart, nez*, ou de mots dont les dérivés négligent la dernière lettre, comme *plafond* (d'où *plafonner*), *corps* (d'où *corpulence*), *choix* (d'où *choisir*). On écrit *abri*, malgré *abriter*.

2. Une des grandes difficultés de l'orthographe française est l'emploi des consonnes doubles. Dans les mots qui commencent par AF (sauf *Afrique* et *afin*), par EF (*effort*), DIF (*difforme*), OF (*offrir*), SUF (*suffrage*), IL (sauf *île, Iliade*), IM (sauf *image, imiter*), OPPO (*opposition*), OPPR (*oppression*), le doublement de la consonne est la règle.

3. Les exemples suivants vous rendront sensible l'état d'anarchie d'une orthographe que l'Europe ne nous envie pas, car seule l'orthographe anglaise est plus arbitraire encore :

Feindre,	mais	*craindre*;
ascension,	mais	*epansion*;
abondance,	mais	*existence*;
aversion,	mais	*assertion*;
nation,	mais	*pension*;
butte,	mais	*culbute*;

remarquable,	mais	*communicable;*
allumer,	mais	*aligner;*
commerce,	mais	*comestible;*
apporter,	mais	*apaiser;*
patronner,	mais	*patronage,* etc. etc.

Bien entendu, beaucoup de ces différences d'orthographe entre syllabes qu'on prononce de même s'expliquent par l'étymologie (page 15) ; mais alors, pour écrire correctement le français, il faudrait commencer par apprendre le latin, ce qui est inadmissible. Faute de savoir le latin, on en est réduit à se mettre dans la mémoire des règles que contredisent des foules d'exceptions ; mieux vaut se fier aux effets bienfaisants de la lecture et passer à lire de bons livres le temps qu'on perdrait à apprendre des listes de mots.

Un autre inconvénient de certaines bizarreries orthographiques, c'est qu'elles réagissent sur la prononciation. Vous entendrez des gens prononcer le *p* de *sculpteur* (il faut dire *sculteur*), les deux *t d'attention* (il faut dire *atention*), etc. Ce sont là autant d'entorses données à la langue.

C'est surtout à l'école primaire, où les enfants passent si rapidement, que l'étude d'une orthographe arbitraire, aggravée par l'abus des dictées, est vraiment funeste. L'enfant, qui doit apprendre à lire, à compter et à écrire l'orthographe de l'Académie, n'a plus guère le temps de connaître l'histoire, de faire des lectures qui puissent l'éclairer et élever son esprit ; à peine saura-t-il par cœur quelques fables, quelques poésies faciles. On dirait qu'en insistant ainsi sur la nécessité de savoir l'orthographe et en refusant avec obstination de la simplifier, les gardiens attitrés de notre langage aient voulu combattre sournoisement les effets libéraux et libérateurs de l'instruction sur la partie la plus nombreuse et la plus pauvre de la jeunesse. Mais je me tais, Sidonie ; un peu plus, je vous parlerais politique !

Majuscules

On met des *majuscules* ou grandes lettres au commencement de chaque phrase, de chaque vers, de chaque nom propre ou géographique, du nom des points cardinaux (le Nord, le Sud) ; on en met aussi à des noms communs personnifiés, comme dans ce vers de *La Henriade* de Voltaire, décrivant l'Enfer où Saint Louis conduit Henri IV :

> Là gît la sombre Envie, à l'œil timide et louche.
> Versant sur des lauriers les poisons de sa bouche.

Accents

Il y a trois sortes d'accents : l'accent *aigu* (´), l'accent *grave* (`), et l'accent *circonflexe* (^). La prononciation distingue nettement l'accent aigu, qui se met toujours sur un *e fermé* à la fin d'une syllabe. Quant à la distinction de l'accent grave et de l'accent circonflexe, elle est affaire d'habitude (d'ailleurs, peu importante) pour celui qui ne sait pas le latin.

L'accent grave s'emploie pour distinguer *à* et *dès*, prépositions, *là* et *où*, adverbes, de *a*, verbe ; *des*, article composé ; *la*, article ou pronom, et *ou*, conjonction. Exemples de ces mots différemment accentués :

> L'homme, *dès* sa naissance, éprouve *des* douleurs...
> Je m'essaie *à* louer ce qu'elle *a* de meilleur...
> L'un *ou* l'autre, viendra me trouver *où* je suis...
> Cherchez-*la* sur *la* rive ; elle vous attend *là*...

L'accent circonflexe sert aussi à distinguer des mots qui s'écrivent de même :

J'attends *du* genre humain l'hommage qui m'est *dû*...
Il *croit* à son étoile et sa vanité *croît*...
Sur le *mur* ébréché j'ai cueilli le fruit *mûr*...

Apostrophe, élisions

L'*apostrophe* (') s'emploie pour remplacer une des voyelles *a, e, i,* que l'on supprime pour éviter l'hiatus :

I. — *A* se supprime (s'*élide*) dans *la* devant une voyelle ou un *h* muet : *l'âme, l'histoire.*

II. — *E* se supprime : 1°. dans les mots d'une seule syllabe terminés par un *e* muet : *j'aime, n'allez pas, qu'il aille*; 2°. dans *lorsque, puisque, quoique,* mais seulement devant *il, elle, on, un, une* : *lorsqu'il parle, puisqu'elle le veut, quoiqu'on dise*; 3°. dans *entre* et *presque,* mais seulement quand ils entrent dans la composition d'un autre mot comme *entr'acte.* On n'écrit plus *entr'eux,* mais *entre eux*; 4°. dans *quelque,* mais seulement devant *un, une* : *quelqu'un, quelqu'une*; 5°. dans quelques expressions comme *grand'mère, grand'messe, grand'chose, grand'merci, grand'peine, grand'peur.*

III. — *I* se supprime seulement dans la conjonction *si* devant *il, ils* : *s'il vient, s'ils disent.*

Cédille, tréma, trait d'union

La *cédille* (¸) se place sous le *c* devant les voyelles *a, o, u,* pour lui donner le son de *s* : *leçon, reçu, façade.*

Le *tréma* (¨) est un double point qu'on met sur une voyelle pour l'isoler de celle qui précède : *naïf* (pour empêcher qu'on ne prononce *naif* comme *nef*) ; *Saül* (pour empêcher qu'on ne prononce le nom de ce roi hébreu comme celui du *saule*), etc. On écrivait autrefois *poëme* et *poëte* au lieu de *poème* et de *poète.*

Le *trait d'union* (-) sert à marquer la liaison entre deux ou plusieurs mots. On l'emploie :

1. Entre le verbe et les pronoms placés après lui : *irai-je?* *taisez-vous*!
2. Avant et après un *t* inséré par motif d'euphonie (ou d'étymologie, mais peu importe) : *ira-t-on*? Si l'on écrit *va-t'en* et non *va-t-en*, c'est que le *t* représente ici *te* élidé ; comparez *allez-vous-en.*
3. Avant ou après *ci, là* : *celui-ci, celle-là, ces gens-ci, ci-contre, là-dessus, jusque-là.*
4. Pour lier *même* au pronom qui précède : *moi-même.*
5. Pour tenir lieu de la conjonction *et* dans certains nombres cardinaux : *dix-sept* (pour *dix* et *sept*), *soixante-dix-neuf* (pour *soixante et dix et neuf*).
6. Pour lier des mots qui font partie de noms composés ou de locutions : *chef-lieu, arc-en-ciel, au-dessus*, etc.

Parenthèse, guillemets

La *parenthèse* ( ) sert à renfermer certains mots qui, sans être essentiels à la phrase, contribuent cependant à en compléter le sens :

> Un songe (me devrais-je inquiéter d'un songe?) [1]

Les écrivains d'aujourd'hui usent beaucoup des parenthèses, comme aussi des *tirets* (—) et des *guillemets* (« »). Ces

1. Racine, *Athalie*, II. 5.

derniers doivent servir surtout à encadrer des citations, des paroles d'autrui, des titres d'ouvrages :

> « Vains efforts ! Périlleuse audace ! »
> Me disent des amis au geste menaçant :
> « Le lion même fait-il grâce,
> Quand sa langue a léché le sang ? »[1]

On s'en sert parfois, au lieu de caractères dits *italiques* (*soulignés* dans l'écriture), pour attirer l'attention sur un ou plusieurs mots qu'on veut signaler avec insistance au lecteur. Quant aux citations, on les imprime entre guillemets en caractères ordinaires, ou, moins souvent, en italiques sans guillemets :

> Il m'a dit : « Pardonnez à mon impatience »

ou :

> Il m'a dit : *Pardonnez à mon impatience.*

Ponctuation

Un mot encore sur la ponctuation. Elle a pour objet essentiel d'indiquer les arrêts de la voix. Comme elle n'obéit pas à des règles fixes, le seul moyen de bien ponctuer, c'est de bien lire et d'avoir assez d'*oreille* pour se rendre compte des arrêts plus ou moins longs dans le débit. Les signes admis dans nos livres sont la *virgule* (,), le *point virgule* (;), les *deux points* (:), le *point* (.), auxquels il faut joindre le *point d'interrogation* (?) et le *point d'exclamation* (!) qui marquent des nuances de la pensée faciles à saisir. Les personnes qui ne font pas imprimer ce qu'elles écrivent abusent de la virgule et se servent beaucoup trop peu du point virgule ; il faut réagir contre cette tendance

1. Lamartine, *Harmonies poétiques* (« Contre la peine de mort »).

en observant les habitudes des écrivains soigneux comme Renan, Gaston Boissier, Lanson, etc.

On emploie toujours la virgule pour séparer des membres de phrase qui se succèdent, lorsqu'on ne les relie pas par des conjonctions :

> Une mère en fureur, les larmes d'une fille,
> Les cris, le désespoir de toute une famille.[1]

En principe on ne met pas de virgules devant *et, ou, ni*; mais il y a des exceptions indiquées par l'arrêt de la voix.

On emploie encore la virgule pour isoler, dans une phrase, ce qu'on appelle une *incidente*, c'est-à-dire des mots qui pourraient, à la rigueur, être supprimés, sans que le sens y perdît :

> Partout, *en ce moment*, on me bénit, on m'aime...[2]
> La joie et le plaisir de tous les conviés
> Attend, *pour éclater*, que vous vous embrassiez...[3]

Il faut éviter de mettre une virgule devant *qui* ou *que*, à moins qu'il ne s'agisse d'une incidente bien isolée du contexte :

> Tandis que vous vivrez, le sort, *qui toujours change*.
> Ne vous a point promis un bonheur sans mélange.[4]

Le point virgule sert, comme la virgule, à séparer des phrases non réunies par des conjonctions ; ce sont, en général, des phrases un peu longues. Le grand avantage de ce signe, c'est qu'il permet précisément de supprimer des *et*, des *que*, des *ainsi*

1. Racine, *Iphigénie*, IV. 1.
2. *Id., Britannicus*, IV. 3.
3. *Ibid.*, V. 2.
4. *Id., Iphigénie*, I. 1.

que, qui alourdissent le style. Il faut toujours mettre un point virgule devant une phrase qui commence par *mais*, à moins qu'elle ne soit très courte. Exemples :

Je vous informe de mes désirs, *mais* vous laisse libre.
Je vous informe de mes désirs ; *mais* s'il vous est impossible de les satisfaire, agissez suivant les vôtres.

On emploie les deux points pour annoncer une citation (généralement entre guillemets) ou une explication :

Il m'a dit : « Pardonnez à mon impatience. »...
Deux enfants à l'autel prêtaient leur ministère :
L'un est fils de Joad, Josabeth est sa mère... [1]

Le point termine toutes les phrases indépendantes. Quand on en abuse, le style devient saccadé et haletant ; mais il vaut mieux couper le discours par des points que de réunir de longues phrases par des conjonctions, de répéter les *que* ou les *qui* et de multiplier, entre deux points, les virgules et points virgules.

Le point d'interrogation et le point d'exclamation sont souvent associés dans les mêmes passages. Voici quatre admirables vers d'*Andromaque* : c'est Oreste qui parle, au moment où il perd la raison :

Mais quelle épaisse nuit tout à coup m'environne ?
De quel côté sortir ? D'où vient que je frissonne ?
Quelle horreur me saisit ? Grâce au ciel, j'entrevoi...
Dieux ! quels ruisseaux de sang coulent autour de moi ! [2]

Cette citation me donne encore l'occasion de vous faire remarquer : 1°. l'emploi (qui doit être discret) des *points sus-*

1. Racine, *Athalie*, II. 5.
2. Racine, *Andromaque*, V. 5.

pensifs (...), marquant une interruption brusque du discours, un sous-entendu ; 2°. la licence que s'est donnée Racine d'écrire *entrevoi* au lieu d'*entrevois*, afin de rimer avec *moi* non seulement pour l'oreille, mais pour l'œil. Aujourd'hui, la liberté de la rime est poussée très loin ; on ne se donne même plus la peine de modifier l'orthographe usuelle pour rimer à l'œil.

Bonsoir.

S. R.

ACCORDS ET PLURIELS

HUITIÈME LETTRE

Ma chère Sidonie,

Vous savez ce qu'est un sujet, un attribut, un complément (p. 43). Sachez encore qu'on appelle *proposition* l'énonciation d'un jugement et que, dans une phrase, s'il y a deux ou trois verbes au mode personnel (p. 47), on y compte autant de propositions.

> Le flot qui l'apporta | recule épouvanté

est un vers de *Phèdre* où il y a deux propositions.

Une proposition est dite *principale* quand d'autres, dites *subordonnées*, dépendent d'elle. Ainsi dans ce vers :

> Je crois que la vertu peut se montrer humaine...

je crois est une proposition principale, *que la vertu*, etc., est une proposition *subordonnée*. La proposition *incidente*, qui détermine ou explique, est généralement reliée à la principale par un pronom relatif ou par les mots *où, d'où* (la ville *que* j'habite, la ville *où* je suis). Dans le vers de *Phèdre* cité plus haut, *qui l'apporta* est une proposition incidente ; *le flot recule* est la proposition principale.

Cela dit, je vous dispense des subtilités de ce qu'on appelle *l'analyse logique* ; je passe tout de suite aux observations de détail sur la *syntaxe* des parties du discours. *Syntaxe* est un mot grec (*syntaxis*) qui signifie « arrangement » ; la syntaxe est l'ensemble des règles à suivre quand on veut assembler les mots et les « arranger » pour exprimer clairement ce qu'on veut dire.

Syntaxe des noms

Il y a des remarques à faire : (*a*) sur le genre de quelques noms ; (*b*) sur le nombre.

Questions de Genre

1. *Amour*, quelquefois du féminin au singulier, l'est souvent au pluriel ; témoin ces vers de Racine :

> De l'amour la plus tendre et la plus malheureuse

(dans le passage de *Bérénice* que je vous ai cité au long, p. 92).

> Cette Esther, l'innocence et la sagesse même.
> Que je croyais du Ciel les plus chères amours.[1]

2. *Délice* et *orgue* sont masculins au singulier, féminins au pluriel :

> De belles orgues font mes plus grandes délices...

3. *Aigle* est féminin seulement dans le sens d'enseigne : *les aigles romaines.*

4. *Automne* est plutôt masculin que féminin.

1. Racine, *Esther*, III. 527.

5. *Enfant* peut être féminin quand on parle d'une jeune fille : *oh ! la belle enfant !*

6. *Foudre* n'est masculin qu'au figuré : *un foudre de guerre, un foudre d'éloquence.* On évite d'ailleurs ces locutions, devenues banales.

7. *Gens* est du masculin, mais on a coutume de dire (avec l'adjectif qui précède) : *les bonnes gens, les vieilles gens.* Il ne serait pas français de dire : *les bons gens, les vieux gens.* L'exemple donné par les grammaires : *les vieilles gens sont soupçonneux*, n'est pas à imiter ; personne n'écrit de ce style-là. Obligé d'énoncer cette idée, on dirait : *les vieilles gens ont le soupçon facile.* Nous pouvons toujours éviter les pièges de la syntaxe par un détour.

8. *Hymne* est du masculin ; mais l'hymne qu'on chante à l'église est du féminin. Ainsi l'on dit *un hymne guerrier et une belle hymne de pénitence.*

9. *Quelque chose* est masculin dans le sens de *une chose* et féminin dans le sens de *quelle que soit la chose.* Ainsi l'on dirait : « QUELQUE CHOSE qu'il ait *dite* en cette circonstance, c'est QUELQUE CHOSE qui mérite d'être *blâmé.* » Bien entendu, l'on ne s'amuse pas à écrire ainsi pour mettre en pleine lumière des bizarreries.

QUESTIONS DE NOMBRE

1. En général, quand on a lieu de mettre des noms propres au pluriel, on ajoute un *s* :

> La grandeur des Romains, la pourpre des Césars
> N'ont point, vous le savez, attiré mes regards.[1]

1. Racine, *Bérénice*, v. 7.

On dit les *Bourbons*, les *Condés*, les *Stuarts* comme on dit les *Césars*. Mais si l'on écrit : « les Hugo, les Musset, » pour signifier « des poètes comme Hugo ou Musset, » il est raisonnable de ne pas faire l'accord.

2. Pour les noms communs empruntés aux langues étrangères, on ajoute un *s* quand l'emprunt est de date ancienne (des *opéras*, des *examens*, des *numéros*) ; on l'ajoute ou on l'omet quand le mot est plus récent. Mieux vaut l'ajouter toujours, excepté dans les mots composés : ainsi l'on écrit des *in-folio*, des *post-scriptum*, des *fac-similé*. Pour certains mots empruntés à l'italien, l'usage est de faire le pluriel en *i* : un *carbonaro* (conspirateur qui se disait « charbonnier »), des *carbonari*.

3. Les mots invariables de leur nature restent invariables au pluriel : « Les *si*, les *car*, les *pourquoi*. »

4. Pour écrire au pluriel des substantifs composés, il faut se demander si l'idée de la pluralité est attachée à chaque élément du mot ou à l'un d'eux seulement. Ainsi un *chef-lieu* fera au pluriel *des chefs-lieux* ; *un chien-loup* fera au pluriel *des chiens-loups*, parce qu'il s'agit de deux ou plusieurs chiens ressemblant à deux ou plusieurs loups ; mais on écrira *des chefs-d'œuvre*, parce que l'idée de pluralité porte sur *chef* et non sur *œuvre*. Quand la première partie d'un composé est un verbe, il ne prend naturellement pas le signe du pluriel : *des chasse-mouches*. Enfin, on ne mettra pas d'*s* du tout dans un pluriel comme *des réveille-matin*, parce qu'il s'agit d'une horloge qui réveille le matin, ou dans un pluriel comme *des passe-partout*, parce qu'il est composé de deux mots qui n'admettent ni l'un ni l'autre l'*s* du pluriel.

L'usage, mal contrôlé par l'Académie, admet cependant des dérogations au bon sens. Ainsi l'on écrit *des chevau-légers* ; mais je ne pense pas qu'on s'expose au blâme en écrivant *des chevaux-légers*.

Syntaxe de l'article

1. L'article se supprime souvent pour donner plus de vivacité au style :

> Femmes, moine, vieillards, tout était descendu.[1]

2. On dit : *j'ai* DES *enfants, j'ai* DU *pain*, mais : *j'ai* DE *bons enfants, j'ai* DE *bon pain*, parce qu'il y a un adjectif entre l'article et le nom. Cependant on dit *des grands hommes, des petits pâtés*, parce que *grand homme* et *petit pâté* sont traités comme un seul mot. D'ailleurs, la règle n'est pas absolue ; c'est affaire de sentiment et d'oreille.

3. On dit : *une multitude* DE *tableaux*, mais *la multitude* DES *tableaux que j'ai étudiés*, parce que dans le second exemple, *tableaux* est déterminé par la proposition incidente. Avec *la plupart* et *bien*, on met *des* et non *de* : *la plupart des tableaux, bien des tableaux*.

4. On emploie *de* et non *des* lorsque le nom est le complément direct d'un verbe accompagné d'une négation : *je ne vous ferai pas de reproches*. Mais si le nom est déterminé par un adjectif ou une incidente, on écrit *des* :

> Je ne vous ferai pas des reproches frivoles...
> On ne soulage point des douleurs qu'on méprise...

5. Faut-il dire *la plus, la mieux, la moins* en parlant d'une femme ? *Les plus, les mieux, les moins* en parlant de plusieurs ? Les grammairiens font à ce sujet des distinctions subtiles, mais intéressantes. *La, les* expriment la comparaison : *de toutes ces dames, votre sœur était la plus affligée*. S'il s'agit non d'une com-

1. La Fontaine, *Le Coche et la Mouche*.

paraison, mais de l'affirmation d'une affection très vive, et qu'on puisse substituer « extrêmement », *le* reste invariable : *elle ne pleure pas, lors même qu'elle est le plus affligée.* Enfin, quand *le plus, le moins, le mieux* forment des locutions adverbiales, ils restent invariables :

> De tous les écrivains, ils s'expriment le mieux.

6. Il est plus correct de répéter l'article dans une phrase comme : *les officiers et* LES *soldats, le vieux et* LE *jeune soldat.* Mais s'il s'agit d'un soldat qui est à la fois jeune et brave, on dira obligatoirement : *le jeune et brave soldat.*

Syntaxe des adjectifs

Adjectifs Qualificatifs

1. L'adjectif s'accorde en genre et en nombre avec le nom ou le pronom qu'il qualifie : *les femmes heureuses*; *les bons enfants; ils sont arrogants.*

2. S'il y a plusieurs noms ou pronoms, l'adjectif se met au pluriel et prend le masculin quand les sujets sont de différents genres :

> La bonté, le talent sont égaux à mes yeux.

Puisqu'on met l'adjectif au masculin, il vaut mieux, comme dans l'exemple cité, que le nom masculin soit plus voisin de l'adjectif que le nom féminin.

3. Quand les substantifs ont à peu près le même sens, l'adjectif se met souvent au singulier :

Un grand homme, un héros digne de notre amour...

4. L'adjectif *nu* ne s'accorde pas quand il précède le nom d'une partie du corps : *un va-nu-pieds*. Placé de même, l'adjectif *demi* ne varie pas : *une demi-heure* (mais *une heure et demie*).

5. L'adjectif *feu*, signifiant *défunt*, s'accorde quand il précède immédiatement le nom, mais alors seulement : *la feue reine*, mais *feu la reine*.

La feue impératrice a connu feu la reine.

6. Employé adverbialement (ce qu'on reconnaît en substituant un adverbe), l'adjectif ne s'accorde pas : *ces fleurs sentent bon*; *ces livres coûtent cher*. On dirait : *ces fleurs sentent agréablement, ces livres coûtent beaucoup*.

7. Faut-il dire : *Cette femme a l'air spirituel* ou *l'air spirituelle*? On a longtemps interdit de faire l'accord, par la raison que le sujet de *spirituel* est *air* et non *femme*; c'est vrai, mais l'usage l'a emporté et l'on écrit aujourd'hui l'un ou l'autre.

8. Les adjectifs composés prennent l'accord quand ils sont formés de deux adjectifs : *aveugles-nés, ivres-morts*. Excepté ceux qui commencent par *mi, demi, semi*, mots qui sont considérés comme des adverbes : *des peuples demi-civilisés*. De même, l'adjectif employé comme adverbe ne varie pas : *des enfants nouveau-nés* (c'est-à-dire *récemment nés*), *une fille court-vêtue*. Cependant on dit *des nouveaux mariés, des nouveaux venus* (parce que *mariés* et *venus* sont des participes) ; on dit aussi *des fleurs fraîches écloses* (et non *frais écloses*), *des volontés toutes-puissantes* (et non *tout puissantes*), par suite d'exceptions assez arbitraires. Cette dernière exception elle-même comporte une

exception au masculin : on dit *des hommes tout-puissants* (et non *tous puissants*).

Lorsqu'un adverbe ou une préposition entre dans un adjectif composé, cette partie du mot reste naturellement invariable : *l'avant-dernière représentation*; *ma fille bien-aimée.*

9. On écrit souvent : *les langues grecque et latine*; *les histoires ancienne et moderne.* Il vaut mieux tourner autrement — dire, par exemple, *la langue grecque et la latine.* De même, des expressions, comme : *le cinquième et sixième étages*; *l'un et l'autre métaux*, sont, pour dire le moins, vulgaires; dire : *le cinquième et le sixième étage*; *l'un et l'autre métal.*

10. Quand un adjectif en qualifie un autre, ils restent tous deux invariables : *des étoffes rose tendre*; *des cheveux châtain clair.*

11. L'habitude fait connaître les adjectifs qui se placent avant ou après les noms, mais non pas indifféremment avant ou après; ainsi l'on dit : *un bel arbre*, et non *un arbre beau*; *une table ovale*, et non *une ovale table.* Beaucoup d'adjectifs peuvent se mettre après ou avant le nom : *ami véritable* ou *véritable ami.* Mais quelquefois cela comporte un changement de sens. Ainsi *un brave homme* est un homme qui a de la bonté; un *homme brave* est un homme qui a du courage; *un pauvre homme* est un imbécile; *un homme pauvre* est un besogneux; *un galant homme* est un homme d'honneur, et *un homme galant* est un homme qui cherche à se faire valoir auprès des dames.

12. Deux adjectifs peuvent n'avoir qu'un seul complément, à la condition qu'ils exigent l'un et l'autre la même préposition. Ainsi l'on dira : *il est utile et cher à sa famille*, mais il est grossièrement incorrect de dire : *il est utile et chéri des siens*; Dire : *il est utile et cher aux siens.*

1. Parmi les adjectifs numéraux, *vingt* et *cent* prennent seuls la marque du pluriel : *quatre-vingts agneaux*; *trois cents écus.* Mais ils ne prennent pas cette marque quand ils sont suivis d'un autre nombre : *quatre-vingt-cinq soldats*; *trois cent dix chevaux.* Lorsque *vingt* et *cent* signifient *vingtième* et *centième*, ils restent aussi invariables. On écrira donc : *chapitre quatre-vingt*; *page deux cent* : *en l'an sept cent quatre-vingt* — mais on fera mieux d'écrire en chiffres, 80, 200, 780.

2. *Mille* s'écrit de trois manières :

(*a*) Pour marquer une date, on écrit *mil* : *le roi de Rome naquit en mil huit cent onze.*

(*b*) Pour signifier dix fois cent, on écrit *mille* (invariable) : *deux mille trois cents soldats.*

(*c*) Pour signifier une mesure itinéraire, on écrit *mille* (variable) : *trois milles marins, trois milles romains.*

3. *Million* et *milliard* prennent la marque du pluriel : *deux mille millions font deux milliards.*

4. On emploie l'article au lieu de l'adjectif possessif quand il n'y a pas d'erreur possible sur la personne qui possède. Ainsi vous direz : *j'ai mal à la tête*, parce qu'il ne peut s'agir de celle de votre sœur; mais vous direz : *je vois que ma peau brunit*, parce que *la peau* pourrait être toute autre peau que la vôtre. C'est une question de bon sens. D'ailleurs, l'usage vous autorise à dire : *ma migraine m'a reprise* (au lieu de *la migraine*), parce qu'il s'agit d'une chose habituelle.

5. *Notre, votre, leur* se mettent au pluriel lorsqu'il s'agit, sans doute possible, de plusieurs objets : *ces dames ont oublié leurs éventails* (il y avait un éventail par dame). Mais lorsque le

nom ne s'emploie pas au pluriel, *notre, votre, leur* se mettent au singulier : *je plains leur sort*; *pardonnez à notre impatience.*

6. Il faut dire : *le grec est une belle langue, j'en admire la richesse* (et non : *j'admire sa richesse*), parce qu'il s'agit d'une chose, non d'une personne. Mais il faut dire : *cette femme est savante, j'admire son savoir* (et non : *j'en admire le savoir*), parce qu'il s'agit d'une personne. Cette règle est d'ailleurs mal observée, même par les bons écrivains.

7. De bons auteurs ont employé *aucun* et *nul* au pluriel :

> *Aucuns* monstres par moi domptés jusqu'aujourd'hui
> Ne m'ont acquis le droit de faillir comme lui. [1]

Racine s'est servi, même en prose, de l'expression *aucunes nouvelles* et tout le monde admet que l'accord est légitime avec des noms au pluriel qui ne s'emploient pas, ou s'emploient dans un sens différent au singulier : *aucunes funérailles ne furent plus touchantes*; *aucunes troupes ne sont mieux disciplinées.*

8. *Chaque* précède un nom; autrement, on écrit *chacun.* Ainsi :

> Chaque ouvrage se vend à treize sous chacun.

9. *Même* est adjectif ou adverbe, variable ou invariable. Il est adverbe et invariable quand il peut se remplacer par *aussi* (1); si non, il prend l'accord (2). Toutefois, après un pronom (3) et un seul substantif (4), il prend l'accord même quand il signifie *aussi* :

> 1. Les hommes, les dieux *même* ont écouté ses chants...
> 2. Seigneur, vous retombez dans les *mêmes* alarmes...
> 3. Eux-*mêmes* à l'instant parurent devant moi...
> 4. Ces murs *mêmes*, ami, peuvent avoir des yeux...

1. Racine, *Phèdre*, I. 1.

10. *Quelque* s'écrit de trois manières :

(*a*) Suivi d'un verbe, il s'écrit en deux mots dont le premier, étant l'adjectif *quel*, prend l'accord :

> *Quelle que* soit ma haine, il faut que je pardonne...

(*b*) Suivi d'un nom, il s'écrit en un mot et s'accorde (1), même si un adjectif est intercalé entre *quelque* et le nom (2)

> 1. *Quelques* attraits qu'elle eût, son cœur était rebelle...
> 2. *Quelques* vains lauriers que promette la guerre...

(*c*) Employé adverbialement, dans le sens de *tout*, le mot *quelque*, suivi d'un adjectif (1) ou d'un adverbe (2), s'écrit en un mot et ne varie pas :

> 1. *Quelque* injustes qu'ils soient, je ne puis les haïr...
> 2. Non, *quelque* adroitement qu'elle se justifie...

11. *Tout* est adjectif ou adverbe.

(*a*) Il est adjectif quand il signifie *chaque*; alors il s'accorde :

> *Tous* les hommes sont fous et qui n'en veut point voir
> Doit rester dans sa chambre et briser son miroir.

(*b*) *Tout*, adverbe, signifie *tout à fait, quelque*, et précède un adjectif, un participe ou un adverbe ·

> Je viens de rappeler ma raison *tout* entière.[1]

1. Racine, *Bérénice*, v. 7.

(*c*) *Tout*, quoique adverbe, se met parfois au féminin (1) ; il se met toujours au féminin devant un adjectif ou un participe féminin commençant par une consonne (2) ou un *h* aspiré (3) :

1. Votre âme, en m'écoutant, paraît *toute* interdite...[1]
2. *Toute* belle qu'elle est, c'est sa bonté qu'on aime...
3. *Toute* brute qu'elle est, son âme est indulgente...

(*d*) *Tout*, adverbe, reste invariable, dans le sens de *tout à fait*, devant un nom : *elle est tout yeux, tout oreilles.*

(*e*) *Tout* devant *autre* ne s'accorde que lorsque le sens permet de placer le mot *autre* après le nom. Ainsi Bossuet écrit : « Toute autre place qu'un trône eût été indigne d'elle », parce qu'ici *tout* est adjectif et modifie le nom ; on peut dire en effet : *toute place autre qu'un trône eût été indigne d'elle.* Mais on écrirait sans accord : *une tout autre place que celle qu'il occupe lui conviendrait*, parce qu'ici *tout* est un adverbe qui modifie l'adjectif *autre* ; on ne peut pas dire : *une toute place autre lui conviendrait.*

12. Comme l'article, les adjectifs déterminatifs doivent se répéter devant chaque nom : on ne dit pas *nos père et mère*, mais *notre père et notre mère.* On supprime pourtant ces déterminatifs devant deux adjectifs unis par *et* lorsqu'ils qualifient le même nom :

Vos bons et beaux enfants feront votre bonheur.

Vous voyez, Sidonie, que la syntaxe française, malgré quelques bizarreries sans excuse, s'inspire en général de deux

1. Racine, *Esther*, II. 1.

tendances : l'une est le désir de refléter dans l'expression les nuances de la pensée, ce qui répond à ce que Pascal appelait l'*esprit de finesse*; l'autre est la préoccupation d'éviter les sons heurtés, les dissonances, ce qui relève du sentiment de la beauté. Finesse et douceur, ce sont vraiment les qualités de notre langue quand c'est un Racine, un Voltaire ou un Renan qui la manient.

Amicalement,

S. R.

LES PRONOMS

NEUVIÈME LETTRE

Ma chère Sidonie,

Je vais vous parler d'abord de la

SYNTAXE DES PRONOMS

Un nom employé sans article ni adjectif déterminatif ne doit pas être représenté par un pronom. Ainsi l'on ne peut dire : *je vous fais grâce et elle est méritée*, pas plus que : *il m'a reçu avec politesse qui m'a charmée.* Mais on peut dire : *je vous accorde mon pardon et il est mérité*; *il m'a reçu avec une politesse qui m'a charmée.*

Il ne faut jamais, dans le corps d'une phrase, répéter un pronom qui se rapporte à des objets différents. Ainsi l'on aurait tort d'écrire :

> On voit, en les lisant, qu'on cherche à nous tromper

car le premier *on* se rapporte aux lecteurs et le second aux auteurs.

De même, le français évite avec soin tout emploi de pronoms qui peut prêter à double entente (emploi *équivoque*, comme on dit). Ainsi l'on se gardera d'écrire :

> Virgile imite Homère en ce qu'il a de beau.

car on ne sait pas si *il* se rapporte à Virgile ou à Homère. Il faut tourner autrement, par exemple :

Virgile, en ses beautés, est disciple d'Homère.

Pronoms Personnels

1. Les pronoms personnels sujets se placent avant le verbe (*j'aime, il parle*), excepté dans certaines phrases interrogatives (1), exclamatives (2), lorsque le verbe annonce qu'on rapporte les paroles d'autrui (3), lorsque le verbe est précédé de certains mots comme *aussi, peut-être, encore, toujours, en vain, du moins, au moins* (4). Dans ce quatrième cas, l'inversion n'est pas obligatoire ; on peut toujours énoncer le pronom avant le verbe :

1. Où suis-*je*? qu'ai-*je* fait? que dois-*je* faire encore?
2. Puissé-*je* de mes yeux y voir tomber la foudre!
3. Comment, disaient-*ils*,
Sans philtres subtils
Captiver les belles? —
Aimez, disaient-*elles*.
4. En vain espérez-*vous* qu'un dieu vous le renvoie.[1]

2. Les pronoms personnels compléments se placent avant le verbe (*je t'aime*), sauf quand le verbe est à l'*impératif* sans négation :

Pends-*toi*, brave Crillon, on a vaincu sans toi...[2]

1. Les exemples 1 et 4 sont de Racine ; l'exemple 2 est de Corneille ; l'exemple 3 est emprunté à Victor Hugo.
2. Voltaire, *La Henriade*.

S'il y a une négation, le pronom précède :

> Ne *me* répétez pas ces paroles de haine...

Et s'il y a deux impératifs, le second pronom peut précéder le second verbe :

> Polissez-le sans cesse et le repolissez.[1]

3. Quand un verbe à l'impératif a deux pronoms compléments, l'un direct, l'autre indirect, le direct s'énonce le premier : *donnez-le-moi* (et non pas *donnez-moi-le*). On dit également mal : *menez-y-moi* ou *menez-m'y*; mieux vaut dire : *menez-moi là.*

4. On peut dire, sans répéter le pronom sujet : *nous détestons les méchants et les craignons* (de même si les deux propositions étaient unies par *ou, ni, mais*). Ces cas exceptés, il faut répéter le pronom personnel : *nous détestons les méchants, parce que nous les craignons.* Ici, sans le second *nous*, la phrase serait tout à fait incorrecte.

5. Il n'est pas moins nécessaire de répéter les pronoms compléments avant chaque verbe à un temps simple :

> Son visage odieux m'afflige et me poursuit.

Devant un verbe à un temps composé, cette répétition est facultative :

> Nous les avons hier attaqués et vaincus.

1. Boileau, *L'Art poétique*, I. Il s'agit du style.

Mais lorsque les pronoms forment des compléments l'un direct, l'autre indirect (p. 44), il faut toujours les répéter :

> Il nous a réunis et nous a fait hommage.

Et a fait hommage ne serait pas français, puisque le second *nous* équivaut à « à nous ».

6. *Nous*, employé pour *je* ou *moi* dans le langage élevé ou administratif, exige des correspondants au singulier : *nous croyant* DIGNE *de sa confiance*; *nous ne nous sommes pas cru* OBLIGÉ *de lui répondre.*

7. Employés comme compléments indirects, le pronom *leur* et les pronoms *lui, eux, elle, elles* ne s'appliquent d'ordinaire qu'aux personnes et aux choses personnifiées ; en parlant des choses, on fait plus volontiers usage des pronoms *en, y.* Ainsi l'on dira avec Sully-Prudhomme, d'un vase qui menace de tomber en morceaux :

> Il est brisé, n'y touchez pas

et non : « Ne touchez pas à lui ». Mais les meilleurs écrivains emploient aussi *en* quand il s'agit de personnes :

> Et pourquoi voulez-vous que mon cœur s'en défie ?[1]

Pourtant, on dirait plutôt aujourd'hui en prose : « Je me défie de lui. »

8. *Le, la, les*, variables, ne peuvent représenter que des noms. Pour représenter des adjectifs ou des noms pris adjecti-

1. Racine, *Britannicus*, v. 1. *En* c'est le traître Narcisse, dont il est question au vers précédent.

vement, on emploie uniquement *le*, synonyme de *cela*. Ainsi l'on dira :

Êtes-vous les ministres du roi ? — Nous *les* sommes.
Êtes-vous ministres ? — Nous *le* sommes.
Êtes-vous la malade ? — Je *la* suis.
Êtes-vous malades ? — Nous *le* sommes.

Vous savez, puisque je vous dis « vous », que l'amitié ne suffit pas à autoriser le tutoiement ; il y faut l'intimité, la camaraderie, la parenté proche. Cependant la poésie n'en demande pas tant : elle tutoie volontiers les grands et les belles.

Grand roi, cesse de vaincre, ou je cesse d'écrire

disait Boileau à Louis XIV. Voltaire, reçu par Mme de Pompadour dans le boudoir où elle dessinait, improvisa pour elle ce quatrain :

Pompadour, ton crayon divin
Devrait dessiner ton visage ;
Jamais une plus belle main
N'aurait fait un plus bel ouvrage

Vingt ans plus tard, Voltaire disait « vous » à la dernière amie de Louis XV, Mme Dubarry, dans une lettre où il confessait plaisamment avoir donné deux baisers à son portrait :

Vous ne pouvez empêcher cet hommage,
Humble tribut de quiconque a des yeux :
C'est aux mortels d'adorer votre image ;
L'original était fait pour les dieux.

« Les dieux », c'était Louis XV, ce qui nous semble un peu fort. Mais ce délicieux quatrain, bientôt divulgué, fit l'admiration de l'Europe ; le vieux Frédéric II fut des premiers à y applaudir. C'est que le XVIIIe siècle avait le culte de l'esprit ; on n'a vu rien de tel au siècle suivant. Mais revenons aux pronoms qui nous attendent.

Pronoms Démonstratifs

1. Le pronom *ce* peut être employé pour *il, ils, elle, elles* :

> Bien loin d'être des dieux, *ce* ne sont pas des hommes.

Ce, construit avec le verbe *être*, est souvent énoncé deux fois :

> *Ce* qu'il faut aux humains, c'est un cœur indulgent...
> *Ce* qui blesse le plus, *ce* sont les injustices...

Écrire : « c'est les injustices » serait moins correct, mais ne serait pas une faute.

La répétition de *ce* est souvent utile dans l'intérêt de la clarté et n'est pas fautive ; mais on ne peut dire qu'elle soit jamais indispensable.

2. *C'est* résume également une série d'infinitifs :

> Boire, manger, dormir, *c'est* là toute sa vie.

S'il n'y a qu'un infinitif, on omet le pronom :

> Punir *est* un tourment, pardonner un plaisir.

3. Il faut éviter d'écrire, bien qu'on le fasse souvent, des phrases comme celle-ci : *j'ai reçu toutes vos lettres* ; *celle arrivée hier m'a fait de la peine*. Les pronoms *celui, ceux, celle, celles* ne

doivent pas être suivis immédiatement d'un adjectif ou d'un participe.

Je vous ai déjà fait connaître la différence entre *celui-ci* et *celui-là* (p. 40).

Pronoms Relatifs

1. Le pronom relatif prend le genre, le nombre et la personne de son antécédent : MOI *qui suis estimé*, ELLE *qui est estimée*, NOUS *qui sommes estimés*. On n'écrirait donc plus aujourd'hui comme Molière : « Ce n'est pas moi qui SE FERAIT prier. » Comme l'antécédent de *qui* est *moi*, il faudrait : *qui* ME FERAIS *prier*.

2. L'adjectif ne peut servir d'antécédent au pronom relatif, à moins d'être précédé de l'article, auquel cas il fait fonction de substantif. Il faut donc dire : *nous sommes deux qui* AVONS *été récompensés*, parce que *deux* n'est pas antécédent et que l'antécédent est *nous*. Mais on écrira : *nous sommes les deux qui* ONT *été récompensés*, parce que *les deux* est un antécédent.

De même, il faut dire : *vous êtes le seul qui* AIT *réussi* et non *qui ayez réussi* (bien que cette petite faute soit très ordinaire).

3. *Qui*, complément indirect, se dit des personnes (1) ou des choses personnifiées (2) ; s'il s'agit de choses non personnifiées, il vaut mieux employer *lequel, laquelle* (3). Mais comme ces derniers mots sont peu élégants (*lequel* n'a été employé par Racine que dans *Les Plaideurs*), les poètes observent peu cette règle (4) :

1. C'est votre illustre mère *à qui* je veux parler...
2. Rochers, *à qui* je veux confier ma misère...

3. Le sopha *sur lequel* Hassan était couché...
4. Soutiendrez-vous le faix *sous qui* Rome succombe ?... [1]

Lequel, auquel, etc. peuvent aussi se rapporter à des personnes. Ainsi l'on dira également bien : *vos parents* À QUI OU AUXQUELS *je viens d'écrire* ; *j'ai écrit au ministre* QUI OU LEQUEL *ne m'a pas encore répondu.*

4. *Dont* et *d'où* ne s'emploient pas indifféremment. Il faut employer *d'où* et non *dont* quand l'idée éveillée est celle de sortie, entendue au sens propre du mot ; au sens figuré, on préfère *dont* :

Le pays *d'où* je viens, la race *dont* je sors...

5. Rien n'est plus lourd que la répétition de plusieurs *qui* ou *que* dans la même phrase, ce que l'on appelle des « cascades » de *qui, que*. Bossuet et les autres prosateurs du XVIIe siècle avaient moins de scrupules que nous à cet égard ; mais on peut dire aujourd'hui qu'une phrase contenant plus de deux *qui* ou *que* est mal écrite, à moins qu'il ne s'agisse d'une répétition voulue : « Je vous ai dit *que* vous trompiez le pays, *que* vous le meniez aux abîmes, *que* votre politique était funeste. » Mais voici un type de phrase à éviter : « J'ai su *que* vous avez compris *que* je ne devais revenir *que* ce soir. » Il y a bien des moyens de tourner autrement, par exemple : « Vous avez compris, paraît-il, que je devais revenir ce soir seulement. » Les longues phrases où les *qui, que* se répètent peuvent toujours être coupées par des points virgules ou même des points ; mais il vaut encore mieux, en adoptant des tour-

1. Le vers 1 est de Racine, le vers 3 de Musset et le vers 4 de Corneille.

nures différentes, supprimer le plus possible de *qui* et de *que* quand on se relit.

Pronoms Indéfinis

1. *On*, masculin et singulier de sa nature, peut toutefois s'accorder avec un adjectif ou un participe féminin ou pluriel quand il s'agit évidemment d'une femme ou de plusieurs personnes :

> Quand *on* est *mariée*, on pense à son époux…
> On souffre quand *on* aime et qu'*on* est *séparés*…

2. Pour éviter l'hiatus, on emploie l'*on* au lieu de *on* après les voyelles : on l'emploie aussi pour ajouter une syllabe, soit pour la mesure du vers, soit dans l'intérêt de l'euphonie :

> C'est pour lui *que l'on* tremble, et c'est moi *que l'on* craint.[1]

Mais la répétition du son *l* étant encore plus choquante que l'hiatus, on dit *si on la voit, si on la consulte*, et non pas *si l'on la voit, si l'on la consulte.*

3. *Chacun*, précédé d'un pluriel, prend après lui *son, sa, ses* ou *leur, leurs*; les distinctions que font les grammairiens à ce sujet sont inconnues des bons écrivains. Dites : *ils ont opiné chacun à* SON *tour* ou *chacun à* LEUR *tour*, et ne vous tourmentez pas de vains scrupules.

4. *Personne*, pronom indéfini, s'emploie au masculin sans article : *il n'y a* PERSONNE EXEMPT *de douleur*. Accompagné de

1. Racine, *Iphigénie*, III. 6.

l'article, *personne* est du féminin ; c'est un substantif : *quelle est* LA PERSONNE *qui soit* EXEMPTE *de douleur*?

5. *L'un et l'autre* éveille l'idée de pluralité, *l'un l'autre* (ou *les uns les autres*) celle de réciprocité :

> *L'un et l'autre* sont morts ; ils s'estimaient *l'un l'autre.*

L'Allitération en poésie

Puisque cette lettre n'est pas trop longue, je vais profiter de la place qui me reste pour vous parler un peu de littérature.

Je vous disais tout à l'heure (p. 123) que le français évite la répétition du son *l* dans une phrase comme *si l'on le dit.* Notre langue est, en effet, très sensible à ce qu'on appelle les *cacophonies* (mot grec, de *kakos*, mauvais, et de *phônê*, son). Mais lorsque la répétition de voyelles ou de consonnes produit, au contraire, un effet musical, le français, surtout en poésie, y trouve des ressources très précieuses : en voici quelques exemples.

Nos grands poètes ont tous eu l'oreille musicale : c'est pourquoi Voltaire, si riche en autres dons, ne doit pas compter parmi eux. Mais le hasard de l'inspiration l'a quelquefois bien servi, témoin ces quatre vers vraiment admirables de *La Henriade* :

> Belle Aréthuse, ainsi ton onde fortunée
> Roule au sein furieux d'Amphitrite étonnée
> Un cristal toujours pur et des flots toujours clairs
> Que jamais ne corrompt l'amertume des mers.

Aréthuse était une nymphe qu'avait aimée Alphée. Elle fut changée en fontaine, Alphée en rivière. Mais comme la fontaine d'Aréthuse était en Sicile et la rivière Alphée en Grèce, les Grecs racontaient que leurs eaux se cherchaient et se rencontraient encore au sein de la mer. Amphitrite est la déesse de la mer; son nom désigne ici la mer elle-même. Quand on lit les poètes du XVIIIe siècle, il faut connaître très bien la mythologie ; aujourd'hui, ceux qui abusent de la mythologie font sourire.

Eh bien, lisez ces vers de Voltaire à haute voix et cherchez à savoir pourquoi ils sont si harmonieux. Je crois, moi, en distinguer une raison : c'est qu'il y a des répétitions de certaines lettres, formant ce qu'on appelle des *allitérations*, qui produisent une sorte d'écho et de bruissement sonore. Ces lettres sont *l* et *r*. Comptez. Dans le premier vers, 3 *l*, 2 *r*; dans le second, 2 *l*, 3 *r*; dans le troisième, 3 *l* (celui de *flots* ne compte pas), 5 *r*; dans le quatrième, 1 *l*, 4 *r* (les deux *r* de *corrompt* sont sensibles en poésie). En tout, 9 *l* et 14 *r*. Mais n'allez pas croire, Sidonie, que tous les vers avec allitérations soient de beaux vers : ce n'est qu'un raffinement qui fait valoir l'élégance du style, le mouvement, l'élévation ou la finesse de la pensée. Une platitude sonore reste une platitude.

Il est très amusant — c'est presque un jeu de société — de choisir des vers particulièrement harmonieux de Racine, de Musset, de Victor Hugo, de Leconte de Lisle et d'y chercher, à côté de ce qui charme ou qui touche l'esprit, les raisons cachées du plaisir musical qu'ils nous causent. Racine a fait une fois exprès de répéter le son *s* :

> Pour qui sont ces serpents qui sifflent sur vos têtes ?[1]

Mais, en général, les poètes usent ainsi de l'allitération sans s'en douter, guidés seulement par la délicatesse de leur oreille. J'en ai fait l'expérience avec Sully Prudhomme. Sa poésie la

1. Racine, *Andromaque*, v. 5.

plus charmante et la plus populaire, *Le vase brisé*, commence ainsi :

> Le vase où meurt cette verveine
> D'un coup d'éventail fut fêlé.

Un jour que je lisais ces beaux vers à un illustre critique, alors très âgé et presque aveugle, Désiré Nisard, il me dit : « *Verveine* me paraît bien être une cheville pour rimer avec *peine* qui vient après ; pourquoi une verveine ? » Sur le coup, je ne pus lui répondre ; mais un de mes amis, qui avait étudié la question de l'allitération, me révéla la vérité. La *verveine* vient là parce que ces deux *v* s'accordent à merveille avec le *v* de vase et le *v* d'éventail (il y a d'autres *v* plus loin). À quelque temps de là, rencontrant Sully Prudhomme, je lui demandai s'il l'avait fait exprès ; non seulement il n'y avait pas songé, mais ce que je lui disais était tout à fait nouveau pour lui. Je ne doute pas, cependant, que ce ne soit vrai. Récitez :

> Le vase où meurt cette orchidée...

le vers ne perd-il pas sa couleur, sa musique, enfin quelque chose de ce qui le rend si délicieux ?

Encore un exemple, emprunté cette fois à Hugo (la page sur Waterloo dans *Les Châtiments*) :

> Tranquille, souriant à la mitraille anglaise
> La garde impériale entra dans la fournaise.

Dans ces deux vers sublimes, comment contester l'effet des *r* ? Mais il y a encore autre chose : il y a les voyelles suivies de *n* ou *m*, dites *nasales* (*tranquille, souriant, impériale, entra, dans*) et les belles voyelles doubles, pleines et veloutées (*souriant, mitraille, anglaise, fournaise*), et la répétition du son *a*, qui se trouve treize fois dans ces deux vers. De tout cela, il résulte quelque chose de grave, de solennel, d'héroïque, qui s'harmonise avec la pensée et la fait valoir.

Dans la poésie légère, où Voltaire est un grand maître, il obtient des effets de grâce pimpante en évitant précisément, par instinct, tout ce qui donne de la couleur et de la majesté à ces vers de Hugo. Je prends comme exemple quelques vers de son poème intitulé *Le Pauvre Diable*; il s'y moque d'un académicien de son temps, Trublet, mort en 1770, qui avait de l'esprit, mais l'employait surtout à recueillir les traits d'esprit d'autres écrivains :

L'abbé Trublet alors avait la rage
D'être à Paris un petit personnage;
Au peu d'esprit que le bonhomme avait
L'esprit d'autrui par supplément servait.
Il entassait adage sur adage;
Il compilait, compilait, compilait.
On le voyait sans cesse écrire, écrire
Ce qu'il avait jadis entendu dire,
Et nous lassait sans jamais se lasser[1];
Il me choisit pour l'aider à penser.
Trois mois entiers ensemble nous pensâmes.
Lûmes beaucoup et rien n'imaginâmes.

Ces derniers mots à voyelles longues, *pensâmes, lûmes, imaginâmes*, font contraste avec ce qui précède et sont d'un effet comique à la fin de la tirade : ils peignent Trublet et son secrétaire (le *pauvre diable*) qui s'évertuent à penser. Le reste éveille l'idée d'un petit air joué en *pizzicato* sur le violon. Le vers de

1. On dirait aujourd'hui : il *nous* lassait. En supprimant le pronom, Voltaire prend exemple sur le style des poètes du XVIe siècle comme Marot.

dix syllabes, avec césure après la quatrième (et non après la cinquième, p. 60), se prête à merveille aux effets de légèreté ; témoin encore ces jolis vers d'un poème de Gresset (1709-1777), intitulé *Vert-Vert* (nom d'un perroquet, qui est le héros de l'historiette) :

> À Nevers donc, chez les Visitandines,
> Vivait naguère un perroquet fameux,
> À qui son art et son cœur généreux,
> Ses vertus même et ses grâces badines
> Auraient dû faire un sort moins rigoureux.

Ces rimes en *-ine* ont quelque chose d'un carillon ; Boileau le sentait bien quand il commençait ainsi le chant IV. du *Lutrin* :

> Les cloches dans les airs, de leurs voix argentines,
> Appelaient à grand bruit les chantres à matines...

L'Allitération en prose

Voici enfin un bel exemple en prose. Saint-Beuve, le plus grand de nos critiques (1804-1869), parle, à propos de Molière, des écrivains privilégiés dont les œuvres vivent autant que les noms dans la mémoire des hommes :

> Plus cette mer d'oubli du passé s'étend derrière et se grossit de tant de débris, et plus aussi elle porte ces mortels fortunés et les exhausse : un flot éternel les ramène tout d'abord au rivage des générations qui recommencent.

Ce n'est pas seulement la pensée qui est juste, l'image qui est belle : vous reconnaîtrez sans peine, surtout dans la dernière phrase, l'heureux retour de la lettre *r* qui ajoute à cette langue savoureuse et cadencée l'attrait musical de la résonance.

Amusez-vous, chère Sidonie, à passer en revue des vers et des morceaux de prose ; analysez-les, comparez les écrivains et les styles ; ne les admirez que lorsque vous serez bien convaincue de leur excellence. Cet exercice ne fera pas de vous une pédante, mais une fille d'esprit, sachant le français, ce qui est à la portée de tout le monde, et le sentant, ce qui est plus rare. Je vous le souhaite et vous renouvelle mes hommages.

S. R.

ACCORDS ET CONCORDANCES

Dixième lettre

Ma chère Sidonie,

Nous allons nous occuper aujourd'hui de la

Syntaxe du verbe

Accord du Verbe avec son Sujet

1. Le verbe s'accorde avec son sujet en nombre et en personne : *je ris, vous riez, ils rient.* Quand le sujet se compose de deux ou plusieurs noms ou pronoms qui sont de différentes personnes, le verbe se met au pluriel, à la 1re personne si l'un des sujets est de la 1re personne, à la 2e si l'un des sujets est de la 2e :

Elle et moi *sortirons*; vous et lui *resterez.*

2. Pourtant, le verbe se met au singulier et s'accorde avec le dernier substantif ou le dernier pronom :

(*a*) quand les mots formant les sujets ont le même sens et ne sont pas unis par la conjonction *et* (1) ;

(*b*) quand ils sont unis par la conjonction *ou* (2), mais

non pas quand ils sont de différentes personnes, auquel cas on applique la règle (3) ;

(*c*) quand les mots composant le sujet renferment une expression, comme *tout, rien, personne*, qui résume ce qui précède (4) :

1. Son fiel, son noir venin *excite* mon mépris....
2. Choisissez : l'un ou l'autre *achèvera* mes peines....
3. Elle ou moi *parlerons*; vous et lui vous *tairez*....
4. Femmes, moine, vieillards, tout *était* descendu....

(*d*) Les poètes ont souvent usé de licence en employant le singulier pour le pluriel : ainsi Racine écrit dans *Iphigénie*[1] :

Mais le fer, le bandeau, la flamme *est* toute prête....

et il a très bien fait d'écrire ainsi.

(*e*) Quand deux sujets sont unis par *comme, de même que, ainsi que, aussi bien que*, le verbe se met au singulier :

Ainsi que la vertu, le crime *a* ses degrés....[2]
Le bien, comme le mal, *est* inné dans nos cœurs....

« Ni... ni, l'un et l'autre. »

(*f*) On trouve tantôt le singulier et tantôt le pluriel du verbe quand plusieurs sujets au singulier sont unis par *ni* ou *avec* :

Ni l'or *ni* la grandeur ne nous *rendent* heureux....
Le prince *avec* son fils *est sorti* du palais....

1. Racine, *Iphigénie*, III. 5.
2. Id., *Phèdre*, IV 2.

Il y a toutefois une distinction à faire. Lorsque les deux sujets sont précédés de *ni*, le verbe se met toujours au singulier quand le sens indique que l'action marquée par le verbe convient à l'un *à l'exclusion de l'autre*. Ainsi vous pourriez dire :

> Ni Léon ni Marcel n'*aspirent* à ma main,

car ils y pourraient bien aspirer ensemble. Mais vous diriez :

> Ni Léon ni Marcel n'*épousera* Julie

parce que la loi et l'usage défendent à Julie d'avoir plus d'un époux à la fois. On se résigne de bon cœur à ces subtilités de la grammaire quand elles répondent aux nuances délicates de la pensée.

(*g*) *L'un et l'autre* se construit avec le singulier ou avec le pluriel : *l'un et l'autre se dit* ou *se disent*. De même, *ni l'un ni l'autre*; cependant le pluriel est plus usité et il est de règle quand le verbe précède : *ces mots se disent l'un et l'autre*; *ils ne se disent ni l'un ni l'autre*. Mais *l'un ou l'autre*, comme je vous l'ai déjà dit, veut le singulier, puisque l'un exclut l'autre : *l'un ou l'autre viendra*.

3. Après deux ou plusieurs infinitifs employés comme sujets, le verbe se met au pluriel, moins souvent au singulier :

> Vivre et jouir *seront* pour lui la même chose....
> Le fuir et le bannir *est* tout ce que je puis....

En ce cas, on met toujours le singulier lorsque le verbe est précédé du pronom *ce*, qui résume ce qui précède :

> Boire, manger, dormir, c'*est* tout ce qu'il sait faire

4. Le verbe *être*, précédé de *ce*, se met au pluriel lorsqu'il est suivi d'un nom de chose au pluriel.

> L'honneur parle, il suffit : *ce sont* là mes oracles.

Mais on dira :

> Vous briserez vos fers ; *c'est* nous qui l'ordonnons…
> *C'est* l'ordre et le travail qui font les bons ménages…

Et non pas : *ce sont nous qui… ce sont l'ordre et le travail*, parce que *nous* n'est pas un nom de chose et parce que *l'ordre et le travail* ne sont pas au pluriel.

5. Une difficulté se présente quand le verbe est précédé d'un collectif qui a pour complément la préposition *de* et un substantif. L'accord se fait alors suivant le sens, avec le sujet le plus en vue. Cela est assez arbitraire ; chacun doit se décider comme il peut. Voici des exemples :

> La *moitié* des marins, sans force, se *taisait*...
> *Un grand nombre* d'oiseaux *chantaient* dans les bocages...
> *Une foule* d'enfants *encombrait* le passage...

(car une *foule* peut bien *encombrer*).

> *Une foule* d'enfants *couraient* dans la prairie.

(car ce n'est pas la foule, mais *les enfants* qui *couraient*).

> *Un déluge* de pleurs *inondait* son visage.

(car le propre d'un *déluge* est *d'inonder*).

Dans une même phrase où il y a deux verbes, l'un peut être en rapport avec le collectif et prendre le singulier, l'autre avec le complément du collectif et prendre le pluriel :

Le tiers des régiments qui *firent* cette guerre
Périt au bout d'un mois de faim et de misère.

Lorsque le collectif est exprimé par *la plupart, beaucoup, peu, assez*, l'accord du verbe a lieu avec le substantif placé après *la plupart* ou après l'adverbe de quantité :

Peu de monde *comprend* le prix de la vertu....
La plupart des humains se *plaignent* de leur sort....

Quand le substantif complément des collectifs est sous-entendu, l'accord se fait comme s'il était exprimé :

La plupart sont sujets à des infirmités....
Beaucoup aiment le jeu, *peu travaillent* ou *lisent*....

Voilà bien des subtilités, mais on se tire d'embarras à la réflexion. Ce qui est absurde, c'est de faire de ces difficultés l'objet de concours, de *dictées* laborieuses ; il y a tant de manières plus utiles d'employer le temps !

Complément des Verbes

1. Il faut donner à un verbe le complément qui lui convient, et non un autre. Une faute grossière qu'on fait tous les jours et qu'ont commise des écrivains comme J.-J. Rousseau et Chateaubriand, consiste à dire : *je m'en rappelle, je me rap-*

pelle de l'avoir vu. Le verbe *se rappeler* ne se construit qu'avec un complément direct :

> Ne me rappelez point une trop chère idée.[1]

Il suit de là qu'on ne peut pas dire : *je me rappelle de toi*; or, l'usage ne permet pas non plus de dire : *je me rappelle toi*, encore moins *je me te rappelle.* Il faut donc employer de préférence le verbe pronominal *se souvenir*, d'une des manières que voici :

> 1. Ne *vous souvient-il* plus, seigneur, quel fut Hector?
>   Nos peuples affaiblis *s'en souviennent* encor[2].
> 2. Ma foi, s'il m'*en souvient*, il ne m'*en souvient* guère.[3]

2. Un verbe ne doit pas avoir deux compléments indirects pour exprimer le même rapport. On dira donc : *c'est à vous que je parle*, et non : *c'est à vous à qui je parle.* Mais les poètes n'observent guère cette règle :

> Ce n'est point *au* soleil *à qui* je rends hommage.[4]

3. Quand deux verbes ne veulent pas le même complément, il est grossièrement incorrect de le leur imposer, d'écrire par exemple : *il attaqua et s'empara de la ville*, au lieu de : *il attaqua la ville et s'en empara.*

1. Racine, *Bérénice*, v. 5.
2. *Id.*, *Andromaque*, I. 2. En poésie, *encore* peut s'écrire *encor.*
3. Ce vers souvent cité est de Thomas Corneille, frère du grand Corneille, dans une pièce oubliée : *Le Geôlier de soi-même.* C'est à peu près tout ce qui reste de cet auteur médiocre, à qui l'on fait souvent tort en attribuant ce vers plaisant à Molière ou à Racine.
4. Voltaire, *Les Guèbres*, I. 4.

4. Il en est de même lorsque deux verbes exigent des compléments indirects marqués par des prépositions différentes. Ainsi l'on ne doit pas dire : *il entre et sort du port avec facilité*, mais *il entre au port et en sort avec facilité*.

5. Quand le verbe a deux compléments de nature différente, le plus court se place généralement le premier (1) ; s'ils sont d'égale longueur, le complément direct précède (2) :

1. J'ai *pour moi* la raison ainsi que l'équité...
2. Le cœur livre souvent *des combats* à la tête...

6. Lorsque le complément d'un verbe renferme plusieurs parties unies par des conjonctions, ces conjonctions ne doivent unir que des mots de même espèce. Ainsi l'on dit bien : *il aime le jeu et l'étude*; *il se plaît au spectacle et à la promenade*; mais il est peu correct de dire : *il aime le jeu et à étudier ; il se plaît au spectacle et à se promener*.

7. Les verbes passifs forment leur complément à l'aide d'une des prépositions *de* et *par*. Cette dernière, dont on tend à faire abus aujourd'hui, doit être réservée à l'expression d'une action (2) ; *de* convient mieux à celle d'un sentiment (1) :

1. Vous voulez plaire à tous et *de* tous être aimée...
2. La Gaule fut conquise en neuf ans *par* César...

Notez que dans le premier exemple *par* au lieu de *de* ne serait pas incorrect ; dans le second, *de* au lieu de *par* serait inintelligible.

Emploi des Auxiliaires

Vous avez vu (p. 87) que les verbes neutres se conjuguent les uns avec *avoir* (nous avons dormi), les autres, moins nombreux, avec *être* (nous sommes allés). Un bon nombre de ces verbes prennent tantôt *avoir* et tantôt *être*, suivant qu'on exprime de préférence l'action ou l'état. Ainsi l'on dira : *la fièvre* A CESSÉ *hier*, mais *la fièvre* EST CESSÉE *depuis quelque temps* ; *elle* A DISPARU *subitement*, mais *elle* EST DISPARUE *depuis quinze jours*.

Quelques verbes neutres changent de sens en changeant d'auxiliaire : *cette maison m'*A CONVENU *et je* SUIS CONVENU *du prix* ; *parti de Londres, où il* A DEMEURÉ *dix ans, pour Paris, il* EST DEMEURÉ *en chemin à Calais ; les délais* SONT EXPIRÉS, *car mon bail* A EXPIRÉ *hier*. Bien entendu, on ne s'exprimerait pas ainsi ; je ne rapproche ces locutions que pour les graver dans votre mémoire et vous faire saisir, sans longues explications, les nuances de sens.

Emploi des Temps de l'Indicatif et du Conditionnel

1. Le présent s'emploie à la place du passé pour ajouter de la vivacité au style ; c'est ce qu'on appelle le *présent historique* :

> Elle *approche* ; elle *voit* l'herbe rouge et fumante.[1]

Quand on emploie le présent historique, tous les verbes de la même phrase doivent être au présent.

2. L'imparfait ne s'emploie pas pour énoncer une vérité morale ou scientifique de tous les temps. On ne dira pas : *je vous ai déjà dit que la modestie était une vertu, que la terre était ronde* — mais : *que la modestie est une vertu, que la terre est ronde*.

1. Racine, *Phèdre*, v. 6.

3. Le passé défini ne peut pas toujours s'employer au lieu du passé indéfini. Ainsi l'on ne dit pas : *je reçus une lettre aujourd'hui*, parce que ce passé désigne un temps complètement écoulé. Mais le passé indéfini convient également à toute expression du passé ; dans la langue actuelle (sauf dans le Midi de la France), il tend à supplanter la forme plus courte.

4. Le plus-que-parfait ne doit pas s'employer pour le passé indéfini. Dire : *j'ai appris que vous avez voyagé*, et non *que vous aviez...*

5. On abuse souvent, dans la conversation, du conditionnel passé. Dire : *j'aurais parié qu'il pleuvrait*, et non : *qu'il aurait plu* ; *je croyais que vous viendriez*, et non : *que vous seriez venu.*

Emploi du Subjonctif

1. Le subjonctif étant un mode qui marque le doute, on l'emploie après les verbes qui expriment une idée de doute, de crainte, de désir, et aussi après les verbes qui expriment une idée de volonté et de commandement, puisqu'on n'est jamais sûr d'être obéi : *il doute, il désire, il veut que vous fassiez votre devoir.*

2. Après un verbe accompagné d'une négation ou qui exprime une interrogation, on emploie généralement le subjonctif : *je ne crois pas, croyez-vous qu'il parte* ? Mais lorsque le fait est affirmé avec force, on emploie l'indicatif :

> Oubliez-vous déjà que vous êtes chrétien ?[1]

3. Après un verbe unipersonnel ou employé unipersonnellement, on met le verbe au subjonctif : *il est juste, il convient*

1. Corneille, *Polyeucle*, II. 6.

que vous soyez heureux. Par une exception bizarre, on emploie l'indicatif avec *il me semble, il vous semble, il paraît, il est sûr, il est certain* (1), à moins que ces verbes ne soient accompagnés d'une négation (2) :

1. Il me semble qu'un fils *doit* respecter son père...
2. Il ne me semble pas que vous *ayez* raison...

4. Le verbe se met au subjonctif après un pronom relatif précédé de *le seul, le plus, le moins, le mieux, peu de* (1-5), à moins qu'on ne veuille exprimer un fait, une certitude (6) :

1. *Le seul* qui *soit* heureux est l'homme sans désirs...
2. Détestables flatteurs ! présent *le plus* funeste
   Que *puisse* faire aux rois la colère céleste ![1]
3. *Le moins* qu'on *puisse* dire est qu'il n'a pas d'esprit.
4. *Le mieux* qu'il *puisse* faire est de quitter ces lieux.
5. On trouve *peu de* gens qui *veuillent* s'amender...
6. C'est *mon plus* jeune fils qui me *chérit* le mieux.

Meilleur, pire, moindre, tenant lieu de *plus bon, plus mauvais, plus petit*, s'emploient de la même façon avec le subjonctif :

C'est *le meilleur* ami qui se *puisse* trouver.

5. Après un pronom relatif ou l'adverbe *où*, quand le verbe qui suit exprime l'incertitude, on emploie le subjonctif (1, 2) :

1. Oui, je cherche un ami *qui veuille* m'écouter...
2. Je veux fuir vers des lieux *où je puisse* être libre...

1. Racine, *Phèdre*, IV. 6.

6. Après *quelque... que, quel que, quoi que, quoique*, on emploie le subjonctif (1-4) :

1. *Quelque* savant *qu'*on soit, on n'est pas infaillible...
2. *Quels que* soient les humains, il faut vivre avec eux...
3. *Quoi que* dise l'envie, on connaît vos talents...
4. *Quoique* vous m'aimiez bien, vous me faites souffrir...

Tout se construit souvent avec le subjonctif depuis le début du XIXe siècle, mais il vaut mieux employer l'indicatif :

Tout jeune que je *suis*, je veux voir et comprendre.

7. Après un grand nombre de locutions conjonctives, *afin que, pour que, avant que, de peur que, sans que*, etc., on emploie le subjonctif :

*Avant qu'*il *ait* fini, vous ne parlerez pas.

8. Après la conjonction *que* employée pour une des locutions conjonctives en question (1), ou dans le sens de *si* (2), on emploie le subjonctif :

1. Venez, *que* nous *parlions* un instant en secret…

(*Que* est ici pour *afin que.*)

2. S'il aime la campagne et *qu'*il *sache* en jouir...

9. Avec *de façon que, de sorte que, de manière que, si ce n'est que*, on emploie le subjonctif ou l'indicatif suivant que l'idée paraît douteuse ou non (1, 2) :

1. Conduis-toi *de façon qu'*on *veuille* te revoir...
2. Il parle *de façon qu'*on l'*entend* sans effort...

Concordance des temps

Cette question délicate est dite : de la *concordance des temps*.

1. En principe, comme le subjonctif dépend toujours d'un autre verbe, c'est le temps de ce verbe qui règle celui du subjonctif : *Je ne* CROIS *pas que vous* VENIEZ ; *je ne* CROYAIS *pas que vous* VINSSIEZ.

2. Après le présent et le futur de l'indicatif, on a le choix entre le présent et le passé du subjonctif, selon le temps qu'on veut exprimer à l'égard du premier verbe. Après l'imparfait, le plus-que-parfait, les passés et les conditionnels, on emploie l'imparfait et le plus-que-parfait du subjonctif selon le temps qu'on veut exprimer à l'égard du premier verbe. Voici des exemples :

> 1. Je ne *crois* pas qu'il *vienne* aujourd'hui, ni qu'il *soit venu* hier.
> 2. Je ne *croirai* pas qu'il *vienne* aujourd'hui, ni qu'il *soit venu* hier.
> 3. J'*ai douté*, je *doutais* que vous *fussiez* sincère dans la discussion de ce matin.
> 4. J'*ai douté*, je *doutais* que vous *eussiez été* sincère dans la discussion de l'autre jour.

Mais, comme je vous l'ai déjà dit, l'imparfait et le plus-que-parfait du subjonctif sont des formes à éviter et qui tendent à tomber en désuétude ; l'usage autorise à les remplacer souvent par le présent ou le passé du subjonctif. Cela est même presque obligatoire dans certaines phrases, par exemple :

1. Quand un passé indéfini est suivi des locutions *afin que, pour que, de peur que, quoique*, etc.

> J'ai voulu te parer *afin que* tu *sois* belle...

Afin que tu fusses belle ne serait pas incorrect, mais affecté.

2. Après un passé indéfini, le passé du subjonctif se substitue à l'imparfait (1) : cela est moins correct après un passé défini (2). Ainsi l'on dira :

> 1. *A-t-on vu* quelque ami qui n'*ait* souffert par elle ?...
> 2. *Vit-on* jamais enfant qui *montrât* plus d'ardeur ?...

Emploi de l'Infinitif

1. L'infinitif peut être *sujet* ou *complément.* Il n'y a rien à dire sur l'infinitif sujet qui ne l'ait été déjà à propos de l'accord du sujet et du verbe (p. 133).

L'emploi de l'infinitif complément est à recommander, parce qu'il allège la phrase et permet de supprimer un *que.* Ainsi, au lieu de : *je suis sûr que je réussirai,* il vaut souvent mieux dire : *je suis sûr de réussir.*

2. Complément d'un autre verbe, l'infinitif est tantôt précédé d'une préposition, en particulier de *à* ou de *de,* tantôt joint directement au verbe. L'infinitif n'est précédé d'aucune préposition après les verbes marquant volonté, pouvoir, devoir, savoir, etc.

> Je préfère *être* seul, car je dois méditer.

Voici des exemples de l'infinitif précédé de *à* et de *de* :

> Je consens *à* me perdre, afin de la sauver...
> Je défiais ses yeux *de* me troubler jamais...

Quelques verbes admettent après eux l'infinitif avec ou sans préposition ; on dit également bien : *j'espère réussir* et *j'espère de réussir.* D'autres verbes admettent après eux l'infinitif précédé de *à* ou de *de* (1, 2) :

1. Je contraindrai mes yeux *à* ne me point trahir...
2. Contraint *de* lui céder, je lui cède sans haine...

3. On admet l'emploi de deux infinitifs de suite, par exemple : *je veux lui* FAIRE SAVOIR. Mais trois infinitifs de suite sont lourds et une succession de quatre on cinq infinitifs est ridicule, comme dans cette phrase : *bien qu'il soit malade, il semble* CROIRE POUVOIR ALLER VOIR JOUER *la comédie.* Cela se dit à la rigueur, mais ne s'écrit point. Tant de phrases françaises sont dans ce cas ! Tout ce qu'on pense, assure-t-on, n'est pas bon à dire ; j'ajoute pour votre instruction, ma chère Sidonie, que tout ce qu'on dit n'est pas bon à écrire. C'est au goût plutôt qu'à la grammaire qu'il appartient de distinguer entre ce que peuvent supporter ou non l'oreille et l'œil.

Mille amitiés.

S. R.

LES PARTICIPES

Onzième lettre

Ma chère Sidonie.

La syntaxe des participes, dont je vais vous parler aujourd'hui, passe pour le chapitre le plus difficile de la grammaire française. J'espère vous prouver qu'il n'en est rien : il suffit d'un peu d'attention.

Participe Présent

1. Le participe présent reste toujours invariable ; c'est une règle admise depuis la fin du XVIIIe siècle :

> S'*immolant* par devoir, elle meurt avec joie...

2. Il ne faut pas confondre le participe présent avec l'adjectif verbal (p. 33), qui, terminé également en *-ant*, s'accorde comme un adjectif : l'adjectif verbal se distingue du participe en ce qu'il n'admet pas de complément *direct*. Ainsi, bien que du participe *aimant* on ait fait l'adjectif verbal *aimant, aimante*, on ne dira pas : *cette femme aimante son mari* ; mais on dira bien : *une main dégouttante de sang*, parce que *sang* est complément indirect. — Voici un bon exemple d'adjectifs verbaux au pluriel tiré d'un poème de Delille (1738-1813) :

> Si des beaux jours *naissants* on chérit les prémices.
> Les beaux jours *espirants* ont aussi leurs délices.

Syntaxe du participe présent

Lorsqu'on ne sait pas si un qualificatif en *-ant* est participe ou adjectif verbal et qu'il est tiré d'un verbe qui ne peut avoir de complément direct, on doit en considérer le sens : le participe marque une *action*, l'adjectif verbal un *état*. Le même mot peut être, suivant qu'il marque action ou état, participe ou adjectif (1, 2) :

1. On voyait la sueur *dégouttant* sur son front...
2. Je repousse une main *dégouttante* de sang...

Toutes ces distinctions n'ont été faites d'ailleurs qu'à la fin du XVIIIe siècle ; Racine a plusieurs fois fait accorder le participe présent :

Les morts se *ranimants* à la voix d'Élisée.[1]

Participe Passé

Sans auxiliaire

Sans auxiliaire, le participe passé s'accorde comme un adjectif :

Mille prospérités l'une à l'autre *enchaînées*.[2]

Toutefois, *excepté, supposé, passé*, employés sans auxiliaire, sont invariables avant le mot qu'ils modifient :

Passé l'heure, personne en ce lieu n'est admis.

1. Racine. *Athalie*. I. L.
2. *Id., Bérénice*, V. 7.

Il en est de même des participes *approuvé, certifié, vu, ci-inclus, ci-joint* dans le style administratif : *vu l'attestation du préfet*; *ci-inclus copie de la note.*

Mais quand ces participes sont placés après les mots qu'ils modifient, ils prennent l'accord :

> Personne n'est admis ici, l'heure *passée*...

AVEC DES AUXILIAIRES

Le participe passé construit avec *être* s'accorde avec le sujet du verbe (1) ; construit avec *avoir*, il s'accorde AVEC SON COMPLÉMENT DIRECT si celui-ci le précède (2) et reste invariable si le complément direct suit (3) ou s'il n'y en a pas (4). Il suffit, pour ne jamais se tromper, de retenir les quatre vers que voici ; ils seraient incorrects ou ne rimeraient pas si l'on n'observait pas les règles qui précèdent :

1. Comme ta vie *est embaumée*
2. Des bienfaits qu'elle *a répandus !*
3. J'*ai passé* l'âge d'être aimée,
4. Et j'*ai vieilli* sans tes vertus.

Il résulte de là : 1°. que le SUJET n'exerce aucune influence sur le participe conjugué avec *avoir*; c'est surtout cela qu'il ne faut pas oublier ; 2°. que les verbes neutres, n'ayant pas de complément direct, ne prennent jamais l'accord. Ainsi l'on dira : *les cinq heures que j'ai* DORMI, *les vingt années que j'ai* VÉCU, parce que *dormir* et *vivre* sont des verbes neutres [1]. *Que* n'est ici com-

1. On dit, il est vrai, *dormir son dernier sommeil, vivre sa vie*, mais ce sont des locutions exceptionnelles.

plément direct qu'en apparence ; il équivaut en réalité à *pendant lesquelles* : c'est donc un complément indirect.

Il en est de même des participes *coûté, valu* lorsqu'ils sont suivis d'une indication de prix ; au contraire, lorsque ces verbes signifient *causer, procurer*, ils sont actifs et leurs participes prennent l'accord. Ainsi l'on écrira (1, 2) :

1. Les sommes qu'à *coûté* le palais de Versailles...
2. Que d'ennuis m'a *coûtés* un plaisir fugitif !...

Participe Passé des Verbes Pronominaux

Question assez délicate ; la difficulté tient à ceci qu'un verbe pronominal comme *se montrer* peut signifier ou bien *se montrer soi-même*, ou bien *se montrer à soi, entre soi, les uns aux autres*. Dans le premier cas, *se* est complément direct ; dans le second, qui est celui de tous les verbes neutres, il est complément indirect. Je vais d'abord vous citer six vers servant d'exemples, que vous devez apprendre par cœur et qui seraient *faux* si l'on n'appliquait pas les règles :

1. Devant moi *s'est montrée* une ombre menaçante...
2. Elles *se sont montré* des fleurs fraîches cueillies...
3. Elle *s'est écriée* : oh ! laissez-moi partir !...
4. Elle *s'est arrogé* des droits exorbitants...
5. Elles *se sont complu* dans leur austérité...
6. Ils *se sont échappés* à la faveur du bruit...

Le premier et le second vers montrent que les participes des verbes pronominaux (mais non *toujours pronominaux*), où *être* est mis pour *avoir*, suivent la règle du participe construit avec *avoir* : accord avec le complément qui précède (*s'est montrée*, c'est-à-dire *s'est montrée elle-même*) ; pas d'accord avec le complément qui suit (des fleurs), parce que *se* n'est pas ici un complément direct (elles *se sont montré des fleurs entre elles, l'une à l'autre*).

Le troisième vers vous enseigne que les participes des verbes *toujours pronominaux*, comme *s'abstenir, s'écrier, se repentir* (on ne dit pas : *abstenir quelqu'un, écrier quelqu'un, repentir quelqu'un*) s'accordent avec leur second pronom, qui est toujours leur complément direct et précède toujours le participe.

Le quatrième vers prouve que le participe du verbe toujours pronominal *s'arroger* fait exception à la règle précédente, parce que c'est comme s'il y avait : *elle s'est arrogé à elle-même* (donc, *se* n'est pas complément direct).

Le cinquième vers vous montre que le participe des verbes pronominaux formés de verbes neutres est toujours invariable, car ces verbes ne peuvent avoir de complément direct. Tels sont *se plaire, se complaire, se parler, se succéder, se nuire, se ressembler, se suffire.* On ne dit pas, en effet, *plaire quelqu'un, ressembler quelque chose*, etc.

Le sixième vers vous apprend une exception à la règle précédente ; de même, les participes de *se douter* et *se prévaloir* prennent l'accord : *ils se sont doutés, elles se sont prévalues de notre faiblesse.*

Ce qui précède suffit à résoudre les difficultés posées par l'accord du participe. Cependant, dans l'intérêt de la clarté, il faut ajouter quelques

Remarques Particulières

1. Le participe d'un verbe unipersonnel ou employé comme tel est toujours invariable :

> Les chaleurs qu'il a *fait* m'ont privé de sommeil.

2. Le participe précédé de *le* est invariable quand *le*, complément direct, équivaut à *cela* et représente un membre de phrase :

Les blés étaient plus hauts que je ne *l'*aurais *cru.*

3. Le participe suivi directement d'un infinitif s'accorde quand il a pour complément direct le pronom qui précède (1) et reste invariable s'il a pour complément l'infinitif qui suit (2). On reconnaît mécaniquement que l'infinitif est complément lorsque en substituant à cet infinitif le participe en *-ant* on n'obtient aucun sens acceptable. Ainsi l'on écrira : *je les ai* LAISSÉS *partir*, parce qu'on pourrait dire, à la rigueur, *je les ai laissés partant*; mais on écrira : *ils se sont* LAISSÉ *surprendre*, parce que *ils se sont laissés surprenant* n'aurait pas de sens. Il suffit de retenir les deux vers suivants, qui seraient *faux* si l'on n'observait pas la règle :

Je l'ai *vue expirer* la prière à la bouche.
Je l'ai *vu déchirer* par un peuple farouche...

On peut dire, en effet, *je l'ai vue expirant*, mais non pas *je l'ai vue déchirant*, puisque c'est elle, au contraire, qui a été *déchirée.*

Le participe *fait* suivi d'un infinitif est toujours invariable :

Elvire se taisait ; mais il l'a *fait* parler.

4. Quand l'infinitif est sous-entendu, après *pouvoir, devoir, vouloir*, il est complément direct et le participe reste invariable :

Elle a distribué les secours qu'elle *a pu.*

5. Lorsqu'il y a une préposition entre le participe et l'infinitif qui suit, le participe peut avoir pour complément direct le pronom qui précède (1, alors, accord), ou l'infinitif qui suit (2, alors, pas d'accord) :

1. Elle *s'est proposée* à lui pour le servir...
2. Elle *s'est proposé* de le servir toujours...

Mais on écrit indifféremment, avec les participes *eu* et *donné* suivis de la préposition *à* :

1. Les biens qu'il *m'a donnés* à gérer en son nom

et

2. Les biens qu'il *m'a donné* à gérer en son nom.

Cela tient à ce que dans ces phrases le complément direct qui précède peut appartenir au participe comme à l'infinitif.

Ce qu'il y a de joli dans les chinoiseries de notre syntaxe, d'ailleurs trop nombreuses, c'est qu'elles sont presque toutes fondées sur des raisons, sur des nuances de sens délicatement perçues par les bons auteurs et codifiées, après eux, par les grammairiens.

6. Selon que *le peu*, suivi d'un participe, signifie *un peu* ou *le manque*, l'accord est déterminé par le substantif placé après *le peu*, ou il ne se fait pas. Ainsi l'on peut écrire (1. 2) :

1. Je vis *du peu* d'ardeur qu'elle m'a *témoignée*...
2. Je meurs *du peu* d'ardeur qu'elle m'a *témoigné*...

suivant qu'on se contente de peu de tendresse (1) ou qu'on en exige beaucoup (2). *Le peu*, dans le second cas, est synonyme de *trop peu* et implique l'expression d'un regret.

7. *En*, étant complément indirect, ne peut influer sur le participe ; mais il n'empêche pas l'accord avec le nom ou le pronom qui précède :

Elle, s'*en est vantée* assez publiquement.[1]

8. *En*, complément indirect d'un adverbe comme *combien*, *autant*, *plus*, forme avec cet adverbe le complément direct d'un verbe ; ces expressions étant considérées chacune comme un *bloc*, et ce bloc étant masculin et singulier, l'accord peut ne pas se faire (1), bien qu'il n'y ait pas de règle stricte à cet égard (2) :

1. Des compliments ! *Combien* nous *en* avons *reçu* !
2. Et de ce peu de jours, si longtemps attendus,
   Ah ! malheureux ! combien j'*en* ai déjà *perdus* ![2]

L'accord du participe avec deux ou plusieurs sujets est soumis aux mêmes règles que l'accord de l'adjectif ; il est inutile d'y insister.

J'ai fini avec les participes ; vous voyez que ce n'est pas d'une difficulté redoutable, bien que cela exige de la réflexion. Je passe à la

SYNTAXE DE L'ADVERBE

1. On ne donne plus guère de complément à *dessus, dessous, dedans, dehors* (1), sauf quand ils sont précédés d'une préposition (2) :

1. Racine. *Britannicus*, IV. 4.
2. *Id.*, *Bérénice*, IV. 4.

1. Plus d'États, plus de rois ; ses sacrilèges mains
Dessous un même joug rangent tous les humains.

(Cela est de Racine, dans *Alexandre*, tragédie de sa jeunesse ; il n'aurait pas écrit ainsi plus tard.)

2. *Par-dessus* les rochers l'effroi nous précipite....

2. On ne donne pas non plus de complément à *alentour, auparavant, davantage* ; c'est à tort qu'on dit souvent *davantage de* et *davantage que*. Cependant Racine écrivait encore (en prose) : « Je ne vous ferai pas davantage de reproches ; ne souhaitez rien davantage que la gloire. » La prose de Racine a beaucoup plus vieilli que ses vers, par la raison qu'on l'a moins lue : ses vers incomparables, que tout Français doit admirer comme le faisait Voltaire, ont, par leur popularité sans rivale, maintenu en usage presque toutes les expressions dont il s'est servi dans ses neuf belles tragédies (je ne compte pas là *Thébaïde* et *Alexandre*, qui sont peu dignes de lui et qu'on ne lit point).

3. Ne pas confondre *plus tôt*, qui se rapporte au temps, avec *plutôt*, qui exprime une préférence. Ainsi l'on dirait :

Levez-vous donc *plus tôt, plutôt* que de dormir.

4. *Si, aussi* se joignent seulement aux adjectifs et aux adverbes ; *tant, autant* seulement aux substantifs et aux verbes. Il n'est donc pas correct de dire (bien qu'on le dise) : *autant brave que généreux* ; dites : *aussi brave que généreux.*

5. Avec une négation, *si* et *tant* peuvent s'employer pour *aussi, autant* :

Il n'est pas *si* peureux, il n'a pas *tant* de crainte.

6. On entend continuellement dire *de suite* au lieu de *tout de suite*; c'est incorrect. Un académicien, entrant dans un restaurant, demanda une douzaine d'huîtres *de suite*; le garçon, plus sensible que lui aux nuances de la langue, lui apporta les douze huîtres une à une.

7. Ne pas dire (bien qu'on l'ait dit autrefois) : *c'est ici où je suis, c'est là où je vais*, mais : *c'est ici que je suis, c'est là que je vais*. Le répétition des deux adverbes forme ce qu'on appelle un *pléonasme*, c'est-à-dire une surabondance inutile. Notre langue actuelle est sévère pour ce qui fait double emploi.

Emploi de la négation

Cela est encore délicat et difficile : on n'est pas toujours d'accord, car la langue moderne a une tendance très forte à multiplier les négations.

1. On nie avec les mots *ne, ne pas, ne point*; cette dernière locution est la plus énergique des trois.

2. Après les locutions conjonctives *à moins que, de peur que, de crainte que* et le verbe *empêcher*, il faut toujours une négation (1, 2) :

1. Faut-il donc l'opprimer *de peur qu*'il *ne* m'opprime ?...
2. *Empêchez* qu'il *n*'apprenne un malheur si cruel...

3. On emploie aussi la négation après *autre, autrement* (1), *mieux, moins* (2), *meilleur* et les verbes qui signifient *craindre* (*avoir peur, trembler*, etc.) (3) :

1. Il parle tous les jours *autrement* qu'il *n*'agit...
2. Il est *moins* rassuré qu'il *ne* voudrait paraître...
3. *Craignez*-vous qu'il *ne* vienne arrêter nos desseins ?

Pourtant, Racine a écrit :

> *Craignez*-vous que mes yeux versent trop peu de larmes ?[1]

4. On supprime d'ordinaire la négation après ces mots (3.) lorsqu'une autre négation la précède (1, 2, 3) :

1. Il *ne* parle jamais autrement qu'il agit.
2. Il *n'* est pas si certain qu'il le voudrait paraître.
3. Je *ne* crains pas qu'il vienne arrêter nos desseins.

5. Après *craindre* et les verbes analogues, après *de crainte que, de peur que*, on emploie *ne pas* au lieu de *ne* quand on souhaite l'accomplissement de l'action marquée par le second verbe :

1. Dans ce noble dessein je crains qu'il *ne* succombe

(celui qui parle ne le souhaite pas).

2. Je crains que son ardeur *ne* se modère *pas*

(on souhaite qu'elle se modère).

6. Après *nier, désespérer, douter* on n'emploie *ne* que lorsque ces verbes sont accompagnés d'une autre négation (1, 2) :

1. Je *doute* qu'il vous suive et que vous l'entraîniez...
2. Non, je *ne doute pas* qu'il *ne* coure à sa perte.

7. Après *avant que* (1), *sans que* et le verbe *défendre* (2)

1. Racine, *Bérénice*, v. 5.

on ne doit pas employer *ne*, bien que le français du XXe siècle tende à commettre cette faute :

1. *Avant que* tous les Grecs vous parlent par ma voix...[1]
2. Je *défends* qu'on me parle en l'état où je suis...

Éviter le « pléonasme »

8. On supprime *pas* et *point* dans les phrases qui contiennent une autre expression dont le sens est négatif, comme *jamais, nul, aucun, rien, personne, ni* répété, *ne... que* signifiant « seulement » (1-7) :

1. L'homme absurde est celui qui ne change *jamais*...
2. *Nul* ne sait ce que peut endurer une mère...
3. *Aucun* chemin de fleurs ne conduit à la gloire...
4. *Rien* ne sert de courir : il faut partir à point...
5. *Personne* ne connaît le bonheur sans mélange...
6. Non, vous ne méritez *ni* l'amour *ni* la haine...
7. Je *ne* connais *que* vous à qui je me confie...

Dire : « Je ne l'ai jamais pas vu, » c'est commettre un *pléonasme*, comme je vous l'indiquais tout à l'heure ; outre que cela n'est pas correct, cela donne au style un air niais. Le pléonasme peut choquer au point de faire rire, car le rire — ce serait trop long de vous l'expliquer en détail — est l'effet d'un choc, d'un brusque rétablissement de la vérité, du bon sens ou des convenances méconnues ; celui qui rit corrige son prochain, avant de se corriger lui-même. Je suppose qu'on vous dise sérieusement : « Cet homme est un scélérat fieffé et même sans délicatesse », ne trouveriez-vous pas cela risible ? Il y a quelque chose de sem-

1. Racine, *Andromaque*. I. 2.

blablable dans une chanson ou *complainte* qui fut très populaire sous Louis XVIII, au sujet d'un célèbre malfaiteur du temps. De la part du chansonnier, c'était volontaire ; mais combien de gens commettent des fautes de ce genre sans le vouloir !

À bientôt ma dernière lettre.

S. R.

POUR EN FINIR AVEC LES PRÉPOSITIONS

DOUZIÈME LETTRE

Ma chère Sidonie,

J'ai quelque chose à vous dire sur la

SYNTAXE DE LA PRÉPOSITION

1. *Au travers* se construit avec *de*; *à travers* demande un complément direct :

> Au travers *des* forêts, à travers *les* prairies...

2. *Vis-à-vis* s'emploie souvent dans le sens de *à l'égard de* : *il a été impoli vis-à-vis de moi.* C'est une locution incorrecte et à éviter. *Vis-à-vis*, avec ou sans *de*, ne doit se dire que pour indiquer la situation : *je loge vis-à-vis de l'église*, ou *vis-à-vis l'église.*

3. *Proche, près, hors* s'emploient aussi avec ou sans préposition ; on dit *près Paris* ou *près de Paris* : *hors les murs* ou *hors des murs.*

4. *Entre*, surtout au XVIIe et au XVIIIe siècle, se trouve là où l'on dirait aujourd'hui *parmi* :

> Vous, que l'Orient compte *entre* ses plus grands rois. [1]

1. Racine, *Bérénice*, I. 1.

5. *Jusque* s'emploie devant une consonne (1), *jusqu'* (2) et *jusques* devant une voyelle (3) On dit mieux *jusqu'aujourd'hui* que *jusqu'à aujourd'hui*, à cause de l'hiatus (p. 22).

1. Tu viendras *jusque-là*, tu n'iras pas plus loin...
2. Je passais *jusqu'aux* lieux où l'on garde mon fils...[1]
3. Lave *jusques au* marbre où ses pas ont touché...[2]

6. *Voici* se rapporte à ce qui suit, *voilà* à ce qui précède :

Voilà tous mes forfaits : en *voici* le salaire...[3]

Mais on emploie souvent ces mots l'un pour l'autre quand ils ne sont pas en opposition : « Ah ! vous voici ! », « Ah ! vous voilà ! »

Complément des Prépositions

1. Deux locutions prépositives peuvent avoir même complément si elles exigent la même préposition. Ainsi l'on dira : *à cause et par amour* DE *vous*, mais non pas *à cause et par rapport* À *vous.*

2. On ne répète pas la préposition devant chaque nom quand deux noms désignent un objet unique. Ainsi l'on dira : *Bernardin de Saint-Pierre, dans son roman de Paul et Virginie*, et non pas : *de Paul et* DE *Virginie.*

1. Racine, *Andromaque*, I. 4.
2. *Id.*, *Athalie*, II. 8.
3. *Id.*, *Britannicus*, IV. 2.

Syntaxe de la conjonction

Emploi de « et »

1. Le rôle de la conjonction ET est d'unir les propositions de même nature, une principale à une principale, une incidente à une incidente ; elle unit aussi les parties semblables d'une même proposition :

1. Ah ! demeurez, seigneur, *et* daignez m'écouter...[1]
2. Cette paix que je cherche *et* qui me fuit toujours...[2]
3. On y conserve écrits le service *et* l'offense...[3]

2. Dans les traductions de la Bible, qui a exercé une influence si profonde sur toutes les littératures modernes, un grand nombre de phrases commencent par *et*, se rattachant ainsi, parfois par un lien très vague, à la phrase précédente. Nos meilleurs écrivains ont imité cela ; quelques-uns, comme Michelet, en ont abusé. Aujourd'hui, la langue, qui tend de plus en plus vers la brièveté et la clarté, économise les *et*, comme les *que* ; il est préférable de ne pas commencer par *et* une phrase un peu longue, même si elle fait logiquement suite à celle qui précède, et de laisser l'esprit du lecteur établir le lien. Le critique Scherer a eu raison de regretter chez Molière l'emploi monotone et trop fréquent de *et* dans le discours, généralement au début d'un vers :

1. Racine, *Iphigénie*. III. 6.
2. *Id., Ithalie*. II. 3.
3. *Id., Esther*, III. 1.

Je compatis, sans doute, à ce que vous souffrez.
Et ne méprise point le cœur que vous m'offrez ;
Mais peut-être le mal n'est pas si grand qu'on pense.
Et vous pourrez quitter ce désir de vengeance.[1]

Je crois qu'un poète d'aujourd'hui, capable d'écrire des vers si faciles et si coulants, mettrait un point virgule après *souffrez* et répéterait *je* au début du second vers.

3. *Et*, au commencement d'une phrase, a toute sa force lorsqu'il signifie *mais*, comme dans ces vers de Racine ;

ABNER. L'arche sainte est muette et ne rend plus d'oracles.
JOAD. *Et* quel temps fut jamais si fertile en miracles ?[2]

Il y a là ce qu'on appelle une *ellipse* (d'un mot grec qui signifie *manque, retranchement*) ; l'*ellipse* supprime des mots pour ajouter de l'énergie au reste du discours. C'est comme si Joad disait : « Je vous entends ; mais oubliez-vous donc que notre temps est plus fertile que tout autre en miracles ? »

4. En poésie, la répétition intentionnelle de *et* peut produire des effets magnifiques. Témoin ces vers de Lamartine où passe un frisson (le sentez-vous, Sidonie ?) :

Et la moitié du ciel pâlissait, *et* la brise
Défaillait dans la voile, immobile *et* sans voix,
Et les ombres couraient, *et* sous leur teinte grise
Tout sous le ciel *et* l'eau s'effaçait à la fois.[3]

1. Molière. *Le Misanthrope*, IV. 2.
2. Racine, *Athalie*. I. 1.
3. Lamartine. *Harmonies poétiques* : « L'Occident. »

Et ce vers de Racine :

> Mais tout dort, *et* l'armée, *et* les vents, *et* Neptune. [1]

5. On évite d'employer *et* pour unir deux mots qui ont le même sens ; il faut alors le remplacer par une virgule : *son courage, son intrépidité firent l'étonnement de tous.* L'omission de *et* s'impose de même lorsque plusieurs mots sont placés par gradation ou qu'ils se succèdent en insistant sur la même idée :

> L'attelage suait, soufflait, était rendu... [2]
> Tout prend un corps, une âme, un esprit, un visage... [3]

EMPLOI DE « NI »

6. *Ni* joue le même rôle que *et* dans les propositions incidentes qui dépendent d'une principale négative :

> Je ne crois pas qu'il soit *ni* qu'il veuille être aimable.

7. Lorsqu'il s'agit d'unir par *ni* les parties semblables d'une proposition négative, on répète ce mot comme dans le vers que voici :

> Elle n'a *ni* talents, *ni* vertus, *ni* beauté.

On ne dirait pas : « Elle n'a pas de talents ni de vertus. »

8. *Et* précède *sans* (1) ; *ni* le remplace (2) :

1. Racine, *Iphigénie*, I. 1. Neptune, dieu de la mer chez les Romains, signifie ici la mer.
2. La Fontaine. *Le Coche et la mouche.*
3. Boileau, *L'Art poétique*, III.

1. *Sans* joie *et sans* murmure elle semble obéir...
2. *Sans* que père *ni* mère ait daigné me sourire...[2]

Les autres conjonctions

9. *Plus, mieux, moins, autant*, en opposition au début de deux membres de phrase, ne doivent pas, en général, être reliés par la conjonction *et* :

Plus leur cours est borné, plus ils font de ravage...[3]

Mais Racine, loin de se conformer à cette règle, la viole plus souvent qu'il ne l'applique :

Moins vous l'aimez, *et* plus tâchez de lui complaire.[4]

10. *Parce que*, en deux mots, signifie *attendu que* :

Et *parce qu'*elle meurt, faut-il que vous mouriez ?[5]

Par ce que, en trois mots, signifie *par cela que* :

*Par ce qu'*il vous a dit, jugez de ce qu'il pense.

11. Ne pas confondre *quand*, conjonction, et *quant*, préposition qui se construit avec *à* :

Quant à moi, je viendrai *quand* vous me manderez.

1. Racine, *Andromaque*, v. 2.
2. *Id.*, *Iphigénie*, ii. 1.
3. *Id.*, *Thébaïde*, i. 5.
4. *Id.*, *Mithridate*, iv. 2.
5. *Id.*, *Andromaque*, v. 5.

12. On ne dit plus *à cause que, durant que, malgré que*, mais *parce que, pendant que, quoique.*

13. Dans le style élevé, on emploie souvent *que de* :

> Faut il le condamner avant *que de* l'entendre ?...[1]
> C'est déjà trop pour moi *que de* vous écouter...[2]

Dans la prose ordinaire, il vaut mieux économiser ce *que*; tout *que* supprimé ajoute à l'aisance d'une phrase.

14. *Que* sert à éviter la répétition de certaines conjonctions comme *quand, lorsque, si, quoique, comme* :

> Quand on a des amis et *qu'*on veut les garder...

Syntaxe de l'interjection

Les interjections *Ha*! (marquant la surprise), *Ha! Hé*! (servant à appeler) sont de moins en moins usitées dans la langue écrite. *Ah! Oh! Ô*! sont, au contraire, très employés. *Ô* sert simplement à l'apostrophe (1) ; *oh*! marque la surprise ou l'affirmation (2) :

> 1. Ô Dieu, confonds l'audace et l'imposture !...[3]
> 2. Oh ! vous voilà donc revenu ! Oh ! je vous y prends !

1. Racine, *Iphigénie*, III. 6.
2. *Ibid.*, V. 2.
3. Racine, *Esther*, III. 4.

L'ordre des mots

Je vous cite d'abord quelques lignes très justes de Voltaire :

> Le génie de notre langue est la clarté et l'ordre. Le français n'ayant point de déclinaison et étant toujours asservi aux articles, ne peut adopter les inversions grecques et latines ; il oblige les mots à s'arranger dans l'ordre naturel [1] des idées... Ses verbes auxiliaires, ses pronoms, ses articles, son manque de participes déclinables, et enfin sa marche uniforme nuisent au grand enthousiasme de la poésie ; elle a moins de ressources en ce genre que l'italien et l'anglais ; mais cette gêne et cet esclavage même la rendent plus propre à la tragédie et à la comédie qu'aucune langue de l'Europe. L'ordre naturel dans lequel on est obligé d'exprimer ses pensées et de construire ses phrases, répand dans cette langue une facilité et une douceur qui plaît à tous les peuples ; et le génie de la nation se mêlant au génie de la langue, produit plus de livres agréablement écrits qu'on n'en voit chez aucun autre peuple. [2]

Il ne faut pourtant pas exagérer cet *esclavage* du français. Même en prose, dans le style élevé, l'*inversion* est permise, c'est-à-dire qu'on peut placer les mots dans un autre ordre que l'ordre grammatical (sujet, verbe, compléments). Un grammairien philosophe du XVIIIe siècle, Condillac, en a cité et fort bien commenté un bel exemple, où l'on voit que l'inversion, lorsqu'elle est opportune et légitime, ne fait que substituer l'ordre de la pensée à celui de la grammaire.

> Si je disais : *cet aigle, dont le vol hardi avait d'abord effrayé nos provinces, prenait déjà l'essor pour se sauver dans les montagnes*, je ne ferais

1. Condillac observe avec raison qu'il vaut mieux dire *l'ordre direct* ; la nature n'a rien à voir ici.

2. Voltaire répète ainsi le mot *peuple* à quelques lignes de distance. Au XIXe siècle, on est devenu très sensible à ces répétitions et on les évite ; c'est même aujourd'hui un des caractères du style soigné.

que vous raconter un fait; mais je ferais un tableau en disant, avec Fléchier[1] : *déjà prenait l'essor, pour se sauver dans les montagnes, cet aigle dont le vol hardi avait d'abord effrayé nos provinces.*[2] — *Prenait l'essor* est la principale action : c'est celle qu'il faut peindre sur le devant du tableau; *déjà* est une circonstance nécessaire qui viendrait trop tard si elle ne commençait pas la phrase. L'action se peint avec toute sa promptitude dans *déjà prenait l'essor.* — *Pour se sauver dans les montagnes* est une notion subordonnée, qui ne doit venir qu'en seconde ligne. Enfin, *dont le vol hardi avait d'abord effrayé nos provinces* est une action encore plus éloignée; aussi l'orateur la rejette-t-il à la fin; elle n'est là que pour constater, pour faire ressortir davantage le fait principal.

On a cru pendant longtemps que l'inversion fréquente distinguait la poésie de la prose et l'on en a fait, surtout au XVIIIe siècle, un abus fatigant. L'inversion qui n'ajoute rien à la pensée, qui n'est qu'une coquetterie facile, doit être bannie des vers comme de la prose. Voltaire écrit à une dame :

De votre esprit la force est si puissante,
De vos attraits la grâce est si piquante...

À quoi bon faire violence à la langue pour tenir des propos si simples? En revanche, on comprend et l'on admire l'inversion dans ces vers de Racine :

Que diras-tu, mon père, à ce spectacle horrible?
Je crois voir *de ta main* tomber l'urne terrible,
Je crois te voir, cherchant un supplice nouveau,
Toi-même *de ton sang* devenir le bourreau.[3]

1. Fléchier, mort en 1710, orateur de la chaire, toujours élégant, souvent éloquent, mais généralement ennuyeux.

2. Fléchier, *Oraison funèbre de Turenne* (1676), éd. Didot (1803), t. I. p. 99. Il s'agit de l'aigle d'Autriche, c'est-à-dire du général des Impériaux auquel la mort imprévue de Turenne épargna la nécessité d'une retraite.

3. Racine, *Phèdre*, IV. 6.

À la gloire de Racine

Je vous ai cité, ma chère Sidonie, beaucoup de vers de Racine ; j'eusse voulu vous en citer davantage. Des trois grandes qualités de l'art d'écrire, la clarté, l'élégance, la convenance du ton au sujet, aucun écrivain n'a donné de plus parfaits exemples ; il est l'égal des plus grands parmi les anciens et fait le désespoir des modernes qui veulent l'imiter. Ainsi pensait Voltaire, qui, après avoir écrit un long commentaire des tragédies de Corneille, refusait de commenter celles de Racine, en alléguant que les mots lui manqueraient bientôt pour exprimer son admiration. Si ces quelques lettres, qui doivent vous initier à la grammaire et au style, font de vous, par surcroît, une pieuse racinienne, j'aurai employé utilement pour votre esprit le temps que j'ai eu plaisir à lui donner.

S. R.

TABLE DES MATIÈRES

BON OU MAUVAIS STYLE

PREMIÈRE LETTRE

NOMS ET ADJECTIFS

DEUXIÈME LETTRE

PRONOMS ET VERBES

TROISIÈME LETTRE

LA CONJUGAISON

QUATRIÈME LETTRE

LES VERBES IRRÉGULIERS

CINQUIÈME LETTRE

LES VERBES IRRÉGULIERS (SUITE)

SIXIÈME LETTRE

PARTICIPE, CONJUGAISON ET AUTRES BIZARRERIES

SEPTIÈME LETTRE

ACCORDS ET PLURIELS

HUITIÈME LETTRE

LES PRONOMS

NEUVIÈME LETTRE

ACCORDS ET CONCORDANCES

DIXIÈME LETTRE

LES PARTICIPES

ONZIÈME LETTRE

POUR EN FINIR AVEC LES PRÉPOSITIONS

DOUZIÈME LETTRE

Impression réalisée sur CAMERON par

BUSSIÈRE CAMEDAN IMPRIMERIES

GROUPE CPI

à Saint-Amand-Montrond (Cher)
en juillet 2001

Édition exclusivement réservée
aux adhérents du Club
Le Grand Livre du Mois
15, rue des Sablons
75116 Paris
ISBN : 2-7028-4740-4

N° d'impression : 13703-013023/1.
Dépôt légal : août 2001.

Imprimé en France